Blick von der Kreuzkirche
Paul Heine, Dresden-N., Döbelnerstr. 3. 3113 (gelaufen 1903)

Blick von der Katholischen Hofkirche
Verlag von Keil & Vinke, Dresden-A. (ungelaufen)

kathol. Kirche gesehen.

Panorama von Dresden-Altstadt
Verlag von Emil Degenkolb Nf., Dresden-Hosterwitz. No. 1 (ungelaufen)

Mark Lehmstedt

Dresden um 1900

Die Innenstadt
in kolorierten Ansichtskarten

Lehmstedt

Umschlag: Altmarkt mit Siegesdenkmal (ohne Verlagsangaben; gelaufen 1917)
Frontispiz: Terrassenufer (Heliocolorkarte von Ottmar Zieher, München; gelaufen 1909)
S. 136: Blick von der Marienbrücke (A. Desbarats, Dresden. Nr. 34; ungelaufen)

Umschlag: Mathias Bertram, Berlin
Gestaltung und Satz: Gabine Heinze, TOUMAart Leipzig
Herstellung: Westermann Druck Zwickau

© Lehmstedt Verlag, Leipzig, 2013
www.lehmstedt.de
Alle Rechte vorbehalten. Printed in Germany
ISBN 978-3-937146-85-0

Verlagsinformationen: www.lehmstedt.de

EINLEITUNG

In den Jahren um die Wende zum 20. Jahrhundert wurde aus der relativ überschaubaren königlichen Residenzstadt Dresden eine moderne Metropole. Hatte die Bevölkerungszahl um 1800 noch bei 62 000 gelegen, stieg sie bis zur Mitte des 19. Jahrhunderts allmählich auf 100 000 – damit war Dresden nach Hamburg, Berlin und Breslau immerhin die vierte deutsche Großstadt. Im Zuge der Industrialisierung explodierte die Zahl dann förmlich, bis am Vorabend des Ersten Weltkriegs fast 550 000 Menschen in der Stadt gezählt wurden.

In dieser Zeit wuchs auch das Stadtgebiet beträchtlich. Hatte Dresden zu Beginn des 19. Jahrhunderts im wesentlichen aus der Altstadt und den inneren Vorstädten sowie der Inneren Neustadt bestanden, wuchsen in den folgenden Jahrzehnten die Vorstädte und die Dörfer der Umgebung aufeinander zu, so daß ein großes zusammenhängendes Stadtgebiet entstand, das 72 Quadratkilometer (statt 19 zu Jahrhundertbeginn) umfaßte und im Zuge der Eingemeindungen der 1920er Jahre noch einmal auf gut 120 Quadratkilometer anstieg.

Nicht nur die bisherigen Wiesen, Weiden, Gärten und Felder wurden in atemberaubender Geschwindigkeit mit Straßen und Plätzen, Wohn- und Geschäftshäusern, Fabriken und Verkehrsanlagen bebaut, auch die dichtgedrängten Quartiere der Altstadt und der Inneren Neustadt erlebten einen dramatischen Wandel. Die weltberühmte Brühlsche Terrasse erhielt erst um 1900 ihr heutiges Aussehen, Hauptstraßen wie die König-Johann-Straße oder die Prager Straße wurden erst jetzt durchgebrochen bzw. neu angelegt, Verkehrsknotenpunkte wie der Postplatz und der Pirnaische Platz erhielten nun ihre Form und Struktur, und für den Bau der neuen, immer größer werdenden öffentlichen und Geschäftshäuser – wie etwa des Neuen Rathauses – verschwanden Dutzende und Aberdutzende Gebäude der Renaissance, des Barock und des Klassizismus. Wenn heute vom Mythos »Elbflorenz« die Rede ist, dann ist jene Stadt gemeint, die in der Kaiserzeit ihre Gestalt fand.

Zum wirkungsvollsten Propagandisten dieses Mythos wurde das damals ganz neue Medium der Ansichtskarte. In abertausenden Aufnahmen verbreiteten sie das Bild Dresdens in der ganzen Welt – in der Regel als Schwarzweiß-Fotografien, oft aber auch in farbig kolorierter Gestalt. Man konnte zwar vierfarbig drucken, aber bis zur Erfindung des Farbfilms in den 1930er Jahren nicht vierfarbig fotografieren. Daher wurden Schwarzweiß-Fotografien, deren Motive den Ansichtskartenverlegern besonders attraktiv erschienen, in einem manchmal eher primitiven, oft aber auch sehr ausgeklügelten Verfahren »ausgemalt« und dann als lithographische oder Raster-Vierfarbendrucke vervielfältigt. Mit der Realität nahmen es die Koloristen nicht besonders genau, sie arbeiteten in der Regel nicht nach der Natur, sondern – bestenfalls – nach der Erinnerung, vielfach aber wohl auch nur nach Gutdünken. Ob das Alte Rathaus am Altmarkt nun weiß oder ocker angestrichen war, kann man jedenfalls anhand der Karten nicht entscheiden. Dennoch vermitteln die kolorierten Ansichtskarten ein ganz anderes, viel lebendigeres Bild des alten Dresdens, als es Schwarzweiß-Fotografien vermögen.

Das Buch versammelt die schönsten kolorierten Ansichtskarten des Stadtzentrums innerhalb des sogenannten 26er Rings. Seit der Reform des Liniennetzes der Dresdner Straßenbahnen am 1. September 1909 verkehrte die Linie 26 als Ringlinie auf der knapp neun Kilometer langen Strecke Hauptbahnhof – Stübelplatz – Sachsenplatz – Neustädter Bahnhof – Bahnhof Wettiner Straße – Hauptbahnhof. Dieses Gebiet umfaßt also die historische Altstadt um Altmarkt, Neumarkt, Schloß, Zwinger und Brühlsche Terrasse, die Wildsdruffer Vorstadt um den Postplatz, die Seevorstadt mit Prager Straße und Hauptbahnhof, die Pirnaische Vorstadt vom Pirnaischen Platz bis zum Ausstellungsgebäude sowie auf der anderen Elbseite die Innere Neustadt zwischen Japanischem Palais, Albertplatz und den Ministerien.

Bei den Bildern handelt es sich um eine Auswahl. Verwendet wurden nur Ansichtskarten mit kolorierten Schwarzweiß-Fotografien, reine Lithographien blieben (fast) unberücksichtigt. Die Karten stammen in aller Regel aus den ersten zwei Jahrzehnten des 20. Jahrhunderts und geben – von einer Ausnahme abgesehen (Hochhaus am Albertplatz) – den Zustand Dresdens in der Endzeit der Monarchie wieder. Aber auch innerhalb dieses Rahmens mußte eine Auswahl getroffen werden. Bestimmte Motive wie etwa die Frauenkirche oder das Neue Rathaus, die Semperoper oder der Hauptbahnhof sind in Dutzenden kolorierten Karten mit oft nur minimalen Varianten festgehalten worden – hier galt es, eine strenge Auswahl zu treffen, um inhaltliche Wiederholungen zu vermeiden. Andererseits erzeugte die geradezu exzessive Ansichtskarten-Produktion zwischen 1900 und 1918 auch in Dresden eine derartige Fülle von Karten, daß selbst passionierte Sammler auch nach Jahren und Jahrzehnten auf Motive stoßen, die sie noch nie zuvor gesehen haben – Vollständigkeit ist nicht zu erreichen. Es dürfte also auch Karten geben, die in dieses Buch gehört hätten, die der Verfasser aber nicht beschaffen konnte. Umso mehr danke ich dem Stadtmuseum in Dresden, dem Institut für Länderkunde in Leipzig (IfL) sowie ganz besonders Herrn Gert Klügel in Dresden, daß sie die Fertigstellung dieses Buches ermöglicht haben, indem sie Ansichtskarten aus ihren Beständen zur Verfügung stellten.

1. ALTMARKT, NEUMARKT UND BRÜHLSCHE TERRASSE

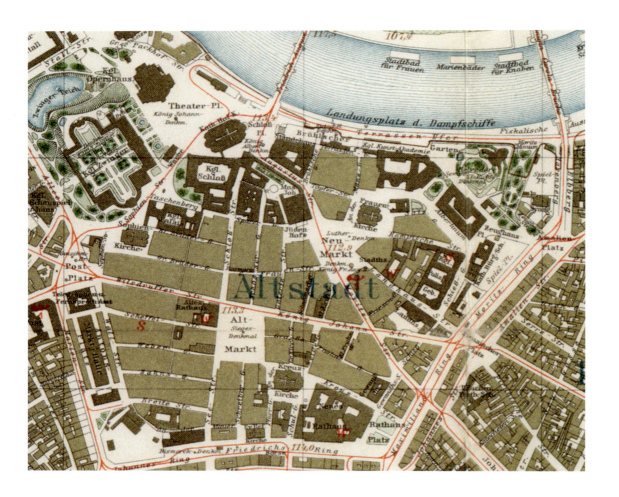

Altes Rathaus am Altmarkt

Kunstverlag Alfred Hartmann, Dresden-A. Annenstr. 48 II. 208 (ungelaufen)

Der Altmarkt bildet seit acht Jahrhunderten das Zentrum von Dresden. Der Blick geht zur Westseite mit dem Alten Rathaus, erbaut 1741–1745 nach Entwürfen des Dresdner Oberlandbaumeisters Johann Christoph Knöffel. Nach dem Umzug der Stadtverwaltung in das 1905–1910 errichtete Neue Rathaus diente das Gebäude bis zur Zerstörung im Februar 1945 als Sitz der Hauptverwaltung der Städtischen Straßenbahn zu Dresden. Rechts daneben ist am Beginn der Wilsdruffer Straße der 1913/14 von Hans Erlwein realisierte Neubau der Löwen-Apotheke zu sehen.

Blick in die Wilsdruffer Straße

Carl Döge, Dresden-N. 370 (ungelaufen)

Vom Altmarkt eröffnet sich der Blick in die Wilsdruffer Straße Richtung Postplatz. Erstmals 1396 erwähnt, war sie lange Zeit als Wilische oder Wilsdorfer Gasse bekannt, da von hier aus eine Straße westwärts in die Kleinstadt Wilsdruff führte. 1858 wurde die Gasse in Wilsdruffer Straße umbenannt. Sie entwickelte sich bald zu einer bedeutenden Geschäftsstraße. Links ist der Erker der Löwen-Apotheke (vor dem Umbau 1913/14 durch Hans Erlwein) zu sehen, rechts erkennt man den Beginn der Schloßstraße. In der Wilsdruffer Straße wurde 1872 die erste Geschäftsstelle der Dresdner Bank eröffnet.

Blick vom Altmarkt zur Schloßstraße

Curt Krause, Dresden-A. 1, kl. Packhofstr. 5/7. 115 (gelaufen 1910)

Vom Dachgeschoß des Eckhauses an der Südseite des Altmarkts blickt man an der Front des Alten Rathauses entlang in die Schloßstraße hinein, die zur Augustusbrücke und weiter in die Neustadt hinein führt. Rechts davon sieht man die Bauten auf der nordwestlichen Marktseite bis zur Schössergasse, in denen sich u. a. das bekannte »Café Central« befand, das die erste Etage aller vier Häuser bis zur Schloßstraße (Schloßstraße 2, Altmarkt 2 und 3 sowie Schössergasse 1) einnahm. Pferdedroschken bildeten, wie man sieht, um 1910 noch immer ein entscheidendes Verkehrsmittel.

Westseite des Altmarkts

Kunstverlag Alfred Hartmann, Dresden-A. 16. 1487 (ungelaufen)

Links vom Alten Rathaus, jenseits der Scheffelstraße, befand sich einer der ältesten Gasthöfe Dresdens, der »Goldene Ring« bzw. das »Hôtel de l'Europe«. Von 1890 bis 1945 befand sich das Haus im Besitz der Firma Hartwig & Vogel, bekanntester Mieter war über viele Jahre der Berliner Zeitungsverleger Rudolf Mosse. Im Nachbarhaus an der Ecke zur Webergasse hatte von 1803 bis zur Zerstörung 1945 die bekannte Arnoldsche Kunstbuchhandlung ihren Sitz.

Jahrmarktsbuden auf dem Altmarkt

Verlag Ed. Erler, Dresden-N. 8. 1056 (gelaufen 1905)

Der Altmarkt ist der älteste Platz Dresdens. 1370 wurde er mit der Stadtgründung planmäßig angelegt. Über Jahrhunderte diente er dem Handel, mehrmals in der Woche hielten hier die Dresdner Händler sowie die aus der Umgebung stammenden Bauern ihre Märkte ab. Dazu wurden auf dem Markt zahlreiche hölzerne, mit Tuchen abgedeckte Verkaufsbuden errichtet, die sich schnell ab- und wieder aufbauen ließen. Außerdem gab es Jahrmärkte, die nur in größeren Abständen stattfanden, darunter als berühmtesten den seit 1434 bis heute stattfindenden Dresdner Striezelmarkt im Dezember. In der Mitte geht der Blick durch die Scheffelstraße zu einem der beiden Türme des Telegraphen- und Fernsprechamtes am Postplatz.

Blumenmarkt auf dem Altmarkt

Orig.-Aufn. v. R. Brauneis, Dresden. Kunstverlag Rudolf Brauneis, Dresden-A. 19, Spenerstr. 62. 1666 (gelaufen 1909)

Wenn auf dem Altmarkt keine Buden des Wochen- oder Jahrmarkts aufgestellt waren, versammelten sich rings um das Siegesdenkmal die Blumenhändler und hielten ihre vielfarbigen Waren feil.

»Bären-Schänke« in der Webergasse

Künstler-Postkarte Eigener Verlag (gelaufen, undatiert)

Die vom Altmarkt nach Westen abzweigende Webergasse trug aufgrund der zahlreichen kleinen Geschäfte und Gaststätten im Volksmund den Namen »Freßgasse«. Im Haus Nummer 27b war die größte Gastwirtschaft der Stadt zu finden, die 1884 gegründete »Bären-Schänke«. Im Laufe der folgenden Jahre stetig um weitere Säle erweitert und so bis zur Zahnsgasse hin ausgedehnt, konnten hier bis zu 1000 Gäste bewirtet werden. Moderne Technik erlaubte die Ausgabe von bis zu 5000 warmen Portionen am Tag.

Südseite des Altmarkts

Buntdruck II 4404/8640 (ungelaufen)

Die Karte zeigt die Südseite des Altmarktes zwischen Seestraße (ganz rechts), Schreibergasse (Mitte) und Pfarrgasse (links). Im rechten Häuserblock war u. a. die 1825 gegründete, renommierte Konditorei Kreuzkamm zu finden, die besonders für die Güte ihrer Dresdner Christstollen bekannt war. Nahezu alle anderen Häuser der Südseite beherbergten das Kaufhaus Renner, wobei die beiden Häuser an der Schreibergasse durch einen Übergang miteinander verbunden waren. Im Inneren wurden die übernommenen Gebäude nach und nach miteinander verbunden und völlig umgestaltet; die Fassaden hingegen blieben weitgehend unverändert. Im Haus Altmarkt 13 befand sich 1909–1928 neben Renner auch das Olympia-Tonfilmtheater, das hier einen der ersten Kinosäle Dresdens mit 500 Plätzen betrieb.

Südostseite des Altmarkts

Ohne Verlagsangaben (gelaufen 1917), Slg. IfL

Die Südostecke des Altmarkts wird dominiert vom Turm der Kreuzkirche. Zur Rechten sind die Häuser des Kaufhauses Renner bis zur Einmündung der Schreibergasse zu sehen, die im Inneren alle miteinander verbunden waren. Auf der östlichen Seite des Marktes, neben dem Eckhaus zur Kreuzkirche, befand sich im Haus Altmarkt 10 seit der ersten Hälfte des 16. Jahrhunderts mit der Marien-Apotheke die älteste Apotheke der Stadt. Daneben hatte das Textilwarenhaus Metzler seinen Hauptsitz; zwischen 1900 und 1910 erhielt das Gebäude eine völlig veränderte Fassade mit großen Fensterfronten und einem historisierenden Giebelaufbau.

Nordostseite des Altmarkts

Krille & Martin Dresden-A. 1294A. (gelaufen, undatiert), Slg. IfL

Links der Großen Frohngasse ist der zweite Teil der Ostseite des Altmarkts zu sehen. Er beginnt mit dem Gebäudekomplex des Ebersteinschen Hauses. Das Haus Große Frohngasse 1 wurde 1899/1900 umgebaut, wobei der über dem dritten Obergeschoß stehende Giebel teilweise erhalten blieb und auf dem angrenzenden Haus wiederholt wurde. Damit entstand die bekannte Fassade des Ebersteinschen Hauses, in welchem die Firma Gebrüder Eberstein vom Erdgeschoß bis zum vierten Obergeschoß Kücheneinrichtungen, Haushaltgeräte und als Spezialität Eisschränke verkaufte.

Siegesdenkmal auf dem Altmarkt

Orig.-A. Alfred Hartmann. Kunstverlag Alfred Hartmann, Dresden-A. 16. 1350 (gelaufen 1907)

Seit 1880 stand auf dem Altmarkt das von Robert Henze entworfene Siegesdenkmal, das an den Sieg im Deutsch-Französischen Krieg und die Reichsgründung 1871 erinnerte. Wegen der auf dem Granitsockel dargestellten Frauengestalt der Germania wurde es auch Germaniadenkmal genannt. Die Statue stützte die linke Hand auf den Reichsschild mit dem deutschen Adler. In der rechten Hand hielt sie eine mit einem Lorbeerkranz geschmückte Reichsfahne. Obwohl es die Zerstörungen 1945 relativ unbeschadet überstanden hatte, wurde das Denkmal 1946 abgetragen; lediglich der Kopf der Germania blieb erhalten, er ist heute im Stadtmuseum zu besichtigen.

Kreuzkirche von der Schulgasse

Dr. Trenkler Co., Leipzig. 1907. Dsd. 319 (gelaufen 1908)

Die Kreuzkirche – hier von der Schulgasse aus gesehen – ist heute mit mehr als 3000 Sitzplätzen der größte Kirchenbau Sachsens. Im Laufe ihrer Geschichte wurde sie mehrfach zerstört und wieder errichtet. 1897 brannte die Kirche vollständig aus und wurde anschließend in dreijähriger Arbeit neu gestaltet. Die innere Ausgestaltung erfolgte im Jugendstil, der Dachstuhl wurde aus Stahl, einem damals ganz neuen Material, angefertigt. Im Unterschied zu allen anderen historischen Gebäuden am Altmarkt hat die Kreuzkirche die Bombardements von 1945 überstanden, wenngleich auch sie schwer getroffen wurde und ausbrannte.

Kreuzkirche am Güntzplatz

*Kunstanstalt Felix Krille, Dresden-Strehlen.
Typochrom 276 (gelaufen 1904)*

Südlich der Kreuzkirche befand sich der Güntzplatz, hervorgegangen aus einem ehemaligen Gartengrundstück, auf dem die Botenfuhrleute der Gasthöfe an der Scheffel-, Weber-, Zahns- und Breiten Gasse ihre Wagen tagsüber aufstellen durften. Auf der rechten (östlichen) Seite wurde er durch die Schulgasse begrenzt. Zu Beginn des 20. Jahrhunderts wurde der Güntzplatz wegen des Rathausneubaus beräumt und u. a. mit dem Gebäude der Landständischen Bank neu bebaut. Die rechts an der Schulgasse zu sehenden, zwei- und dreigeschossigen Gebäude mußten dem Neuen Rathaus weichen.

Pfarrgasse

Ohne Verlagsangaben (gelaufen 1925), Slg. IfL

Warum die Ansichtskarte den Titel »Klostergasse« trägt, ist unklar – gemeint ist jedenfalls eindeutig die Pfarrgasse zwischen Friedrichsring und Kreuzstraße, so benannt nach den einst dort befindlichen Häusern der Geistlichen der Kreuzkirche. Links im Bild ist die Evangelisch-Reformierte Kirche zu sehen, rechts steht das Gebäude der Landständischen Bank (auf der Fläche des ehemaligen Güntzplatzes). Der Blick geht zum Turm der Kreuzkirche.

Altstadt vom Turm der Kreuzkirche

Kunstverlag Alfred Hartmann, Dresden-A., Annenstr. 48 II. 223 (ungelaufen)

Vom Turm der Kreuzkirche eröffnet sich ein weiter Blick über die Altstadt in Richtung Nordwesten. Im Vordergrund ist der Altmarkt mit dem Alten Rathaus (links) zu sehen, dahinter sieht man die zwei Türme der Sophienkirche am Postplatz. Rechts, in Verlängerung der vom Altmarkt abgehenden Schloßstraße, erkennt man den Hausmannsturm des Schlosses und den Turm der Katholischen Hofkirche.

Altstadt vom Turm der Kreuzkirche

Verlag J. Hönigsberg, Dresden A., Annenstr. 13 (gelaufen 1915)

Ein zweiter Blick vom Turm der Kreuzkirche in nördlicher Richtung zeigt eindrucksvoll das enge Straßengewirr und die dichte Bebauung zwischen Alt- und Neumarkt. Auf der rechten Seite führte die leicht geschwungene Galeriestraße direkt auf das Johanneum zu, das damals als Gemäldegalerie diente, weshalb 1862 die Große Frauengasse, in der im 18. Jahrhundert Johann Joachim Winckelmann gewohnt hatte, in Galeriestraße umbenannt wurde. In der Mitte ist die Schössergasse zu erkennen, die im Mittelalter, bis zur Judenvertreibung 1430, den Namen Große Judengasse getragen hatte. An ihrem Beginn befanden sich das »Café Central« und das Warenhaus Hermann Herzfeld.

Große Frohngasse

Verlag F. Knauthe, Dresden 1555 (gelaufen 1902), Slg. Klügel

Die Gassen rund um den Altmarkt waren extrem eng und dicht bebaut. Die Ansichtskarte zeigt den östlichen Teil der Großen Frohngasse von der Gewandhausstraße aus Richtung Altmarkt mit der im Hintergrund nach beiden Seiten abzweigenden Weißen Gasse. Bereits in den 1930er Jahren wurden Teile der Straße abgerissen und durch Neubauten ersetzt.
So entstand 1934 an der Ecke zum Altmarkt anstelle des Ebersteinschen Hauses das Deutsche Familien Kaufhaus (DeFaKa) im Stil der Neuen Sachlichkeit.

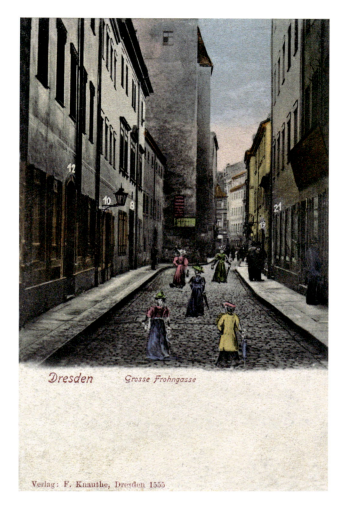

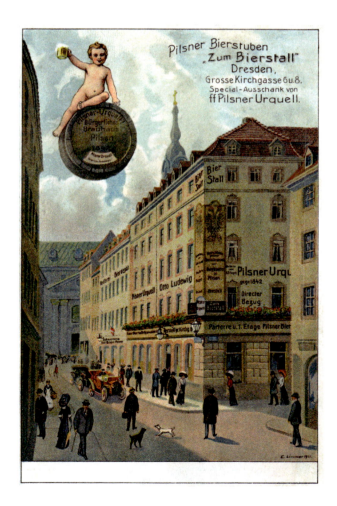

Große Kirchgasse

Ohne Verlagsangaben (gelaufen 1911)

Eine Querstraße der Großen Frohngasse (in der Bildmitte von links nach rechts verlaufend) war die Große Kirchgasse zwischen der Kreuzkirche, die man im Hintergrund erkennt, und der König-Johann-Straße. Auch sie war wesentlich schmaler, als es die Ansicht suggeriert. Hier lockten die Pilsner Bierstuben »Zum Bierstall« die Gäste an, die über eine eigene »Kellerei und Bierdepot« verfügten.

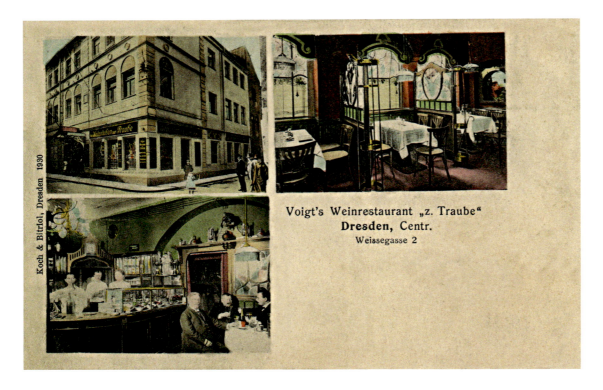

Weiße Gasse

Koch & Bitriol, Dresden 1930 (gelaufen, undatiert)

Die Weiße Gasse war ebenfalls eine Querstraße der Großen Frohngasse, und wie in allen Gassen rings um den Altmarkt hatten hier mehrere Restaurants, Bierstuben und Weinlokale ihren Sitz, darunter das Weinrestaurant »Zur Traube«. Während nach den Zerstörungen des Zweiten Weltkriegs alle anderen alten Gassen verschwanden, hat die Weiße Gasse – völlig neu erbaut – die Zeiten überdauert und gilt heute als kulinarisches Zentrum der Dresdner Altstadt.

Nordseite des Altmarkts

Hermann Herzfeld, Dresden (gelaufen 1906)

Zurückgekehrt zum Altmarkt, geht der Blick jetzt auf die Nordseite. Nach rechts biegt die König-Johann-Straße ab, in der Mitte ist der Eingang der Schössergasse zu sehen. Auf ihrer linken Seite befand sich das »Café Central«, das um 1910 die erste Etage aller vier Häuser bis zur Schloßstraße einnahm. Architektonisch bedeutsam war der Erker am Haus Altmarkt 3 (im Bild ganz links), welcher in seinem unteren Teil von 1670, im oberen von 1743 stammte. Am unteren Ende des Erkers befand sich ein Relief mit musizierenden und im Kreise tanzenden nackten Jungen, das beim Umbau 1910 wieder freigelegt wurde.

Warenhaus Herzfeld am Altmarkt

Verlag Hermann Herzfeld, Dresden (ungelaufen), Slg. Klügel

Markantestes Haus der Nordseite war das Haus rechts der Schössergasse. 1897 erwarb Hermann Herzfeld das Gebäude und baute es 1900/01 grundlegend um. An die Stelle zweier Barockhäuser ließ er ein Warenhaus mit üppiger Jugendstilfassade setzen. Wie Renner an der Südseite erweiterte auch Herzfeld seine Geschäftsräume durch Hinzunahme von Nachbarhäusern. Tiefe Säle schlossen sich damit an das Stammhaus an und gestatteten eine weitere Spezialisierung der Abteilungen. Im Unterschied zu Renner überstand das Herzfeld'sche Unternehmen den Ersten Weltkrieg und dessen Folgen nicht. Das Gebäude wurde nun als Büro- und Geschäftshaus genutzt, die Jugendstilfassade mußte 1923 einer wesentlich nüchterneren Gestaltung weichen.

König-Johann-Straße

Photochromie. Orig.-Aufn. v. R. Brauneis, Dresden. Kunstverlag Rudolf Brauneis, Dresden-A. 19, Schandauer Str. 1a. 6 (ungelaufen), Slg. IfL

Entlang der Nordseite des Altmarkts geht der Blick in die König-Johann-Straße hinein, die 1885–1888 als Verlängerung der Wilsdruffer Straße zum Pirnaischen Platz hin angelegt wurde. Für den Bau dieser neuen, 400 Meter langen und 20 Meter breiten Durchgangsstraße mußten 46 alte Gebäude abgerissen werden. In der Weimarer Republik verlor die Straße ihren adligen Status und hieß bis 1954 nur noch Johannstraße. Nach dem Krieg wurde die nunmehrige Ernst-Thälmann-Straße auf über 60 Metern Breite zu einer Verkehrsmagistrale ausgebaut. Seit 1991 trägt der gesamte Straßenzug vom Postplatz bis zum Pirnaischen Platz den Namen Wilsdruffer Straße.

Dresdner Bank in der König-Johann-Straße

Paul Heine, Dresden-N. 3445 (gelaufen 1902), Slg. Klügel

Beim Durchbruch der König-Johann-Straße 1885–1888 entstand an der Ecke zum Altmarkt ein sehr schmales Grundstück, das zum Altmarkt nur eine einfenstrige Front hatte. In dem dreigeschossigen Gebäude mit Eckturmchen befand sich das weithin bekannte »Residenzcafé«, das in der ersten Etage zur König-Johann-Straße hin über eine große Terrasse verfügte. Auf der gegenüberliegenden Straßenseite ist rechts von der Galeriestraße das 1897 errichtete Hauptgebäude der Dresdner Bank zu sehen. Gegründet 1872, hatte das Unternehmen bereits 1884 die Hauptverwaltung nach Berlin verlegt, doch blieb Dresden juristisch der Sitz der Bank.

König-Johann-Straße, Ecke Moritzstraße

Dr. Trenkler Co., Leipzig. 1903. 13472 (gelaufen 1909)

Etwa in der Mitte wurde die König-Johann-Straße von der Moritzstraße gekreuzt (im Bild nach rechts führend), die vom Neumarkt zum Maximiliansring führte. Der Blick geht zurück in Richtung Altmarkt, auf der rechten Seite ist das Gebäude der Dresdner Bank zu erkennen. Während auf anderen Bildern die Oberleitungen der Straßenbahnen gern wegretuschiert wurden, gab es sie im Bereich der König-Johann-Straße gar nicht – um die neue Prachtstraße nicht zu verunzieren, hatte man 1897 eine unterirdische Stromzuführung in Betrieb genommen!

Mohren-Apotheke am Pirnaischen Platz

Kunstanstalt Krille & Martin, Dresden-A. 222 B (gelaufen 1912), Slg. Klügel

Im Osten traf die König-Johann-Straße auf den Pirnaischen Platz und den im Bild nach rechts oben abzweigenden Maximiliansring. Das Bild zeigt eindrucksvoll die dichte Bebauung bis zum Georgplatz mit dem imposanten Gebäude der Ersten Bürgerschule (ganz rechts). Im Stirngebäude links, errichtet im 18. Jahrhundert und 1830 von Gottlieb Friedrich Thormeyer umgebaut, hatte die renommierte Mohren-Apotheke ihren Sitz, die mit zwei farbigen Statuen von Ernst Rietschel geschmückt war, einem Mohren und einem Berber.

Pirnaischer Platz, Johannesstraße

Verlag E. Tüngerthal, Dresden-A. 28 (ungelaufen), Slg. Klügel

Die Gegenrichtung zum vorigen Bild zeigt diese Ansicht vom Pirnaischen Platz durch die König-Johann-Straße zum Altmarkt und, im Hintergrund, bis zum Postplatz. Auf der rechten Straßenseite ist das barocke Eingangstor zum (verdeckten) Landhaus mehr zu erahnen als zu sehen. Nach links führt die Johannesstraße, an ihrer Spitze befand sich unter der Hausnummer 23 die Mohren-Apotheke. Links im Hintergrund ist der Turm des 1910 eingeweihten Neuen Rathauses zu sehen.

»Hotel Imperial«

Wilhelm Hoffmann A.-G. Dresden B 418 (gelaufen 1908)

An der Ecke von König-Johann-Straße und Maximiliansring stand das »Hotel Imperial«, das einst mit seinen 70 Zimmern zu den ersten Adressen der Stadt gehörte – es verfügte nicht nur über elektrisches Licht und ein vornehm ausgestattetes Restaurant, sondern auch schon über einen Fahrstuhl.

Königlich Sächsisches Polizeipräsidium

Koch & Bitriol, Dresden. 1181 (gelaufen 1901)

Zwischen Landhausstraße, Schießgasse und Rampischer Straße entstand 1895–1900 das imposante Gebäude des Königlich Sächsischen Polizeipräsidiums (heute Polizeidirektion Dresden). Mit der 134 Meter langen Hauptfront zur Schießgasse gehörte es zu den größten staatlichen Neubauten der Jahrhundertwende in Dresden. Die beiden runden Haupttürme an den Ecken – im Bild ist der Turm an der Landhausstraße zu sehen – verliehen dem Gebäude einen Festungscharakter. Zwei der sechs Flügel beherbergten das Polizeigefängnis mit 250 Haftplätzen.

Pirnaischer Platz, König-Johann-Straße

Hermann Poy Dresden 6123 (ungelaufen), Slg. IfL

Über den Pirnaischen Platz geht der Blick nach Westen zur König-Johann-Straße. Vorn links ist die Johannesallee zu erkennen, dahinter der parallel verlaufende Maximiliansring. Die dichte Bebauung zwischen König-Johann- und Landhausstraße (ganz rechts) verdeckt die Sicht auf das Landhaus, das heute als einziges historisches Gebäude der König-Johann-Straße erhalten ist.

Pirnaischer Platz, Landhausstraße

Ohne Verlagsangaben (gelaufen 1917), Slg. IfL

Ebenfalls vom Pirnaischen Platz aus, aber etwas weiter nach Nordosten gesehen, zeigt die Ansichtskarte den Beginn der König-Johann-Straße (links), vor allem aber den Durchblick durch die Landhausstraße bis zum Neumarkt und weiter zum Turm der Hofkirche. Das heute freistehende Polizeigebäude, erkennbar am mittleren Turm, ist durch die – im Krieg zerstörten – Gebäude zwischen Schießgasse und Moritzring verdeckt. Dabei handelt es sich um zwei von Gottlob Friedrich Thormeyer in den 1820er Jahren erbaute Wohnhäuser. Vor dem rechts der Landhausstraße gelegenen Haus befand sich das beliebte Lokal »Moselterrasse«. Darüber erkennt man die Kuppel der Frauenkirche. Im rechten Vordergrund ist der Kaiserpalast angeschnitten.

Rampische Straße

Orig.-Auf. v. R. Brauneis, Dresden. Kunstverlag Rudolf Brauneis Dresden 19. No. 1542 (gelaufen 1905)

Die Rampische Straße, benannt nach einem einst in der Gegend der heutigen Pillnitzer Straße gelegenen Dörfchen, galt bis 1945 als eine der schönsten Barockstraßen Dresdens. Während die Häuser der linken Straßenseite bereits 1895–1900 dem Neubau des Polizeipräsidiums weichen mußten, blieb der Blick vom Kurländer Palais in Richtung Frauenkirche ein beliebtes Motiv für Künstler und Fotografen. Zwei- und dreigeschossige Erker, Altane mit Balustraden, Säulen und Pilaster zierten die Fassaden der bürgerlichen Wohnhäuser.

Salzgasse

Photochromie N & O D [Nenke & Ostermaier, Dresden] 1516 (ungelaufen)

Bescheidener nahmen sich die Gebäude auf der anderen Seite der Rampischen Straße, an der Salzgasse, aus. Hier existierten noch mehrere schmale, niedrige Häuser mittelalterlichen Ursprungs – sie wurden erst in den 1930er Jahren abgerissen und durch Neubauten ersetzt. Rechts im Bild ist die Rückseite des Coselpalais' zu sehen, das 1745/46 errichtet und 1762/64 im Auftrag Friedrich August von Cosels zu einem Wohnpalais umgebaut wurde. Von 1853 bis 1901 diente das Haus als Dienstsitz der Polizei.

Töpferstraße

*Original-Aufnahme und Photochromie:
Nenke & Ostermaier, Dresden. Allein-Vertrieb:
Emil Degenkolb, Blasewitz, 1212 (ungelaufen)*

Aus der entgegengesetzten Richtung blickt man durch die Töpferstraße an der Frauenkirche vorbei auf das Coselpalais. Im Mittelalter mußten sich die Töpfer außerhalb der Stadtmauern ansiedeln, da ihr Gewerbe mit Feuergefahr verbunden war. Die Töpferstraße am Rande des Neumarkts, nur wenige Schritte von der Elbe entfernt, wird erstmals 1546 erwähnt. Nach den Zerstörungen des Zweiten Weltkriegs verschwand der Straßenname; er wurde erst mit der Fertigstellung des »Dresdner Hofes« wiederbelebt.

Hinter der Frauenkirche

*Wilhelm Hoffmann A.-G. Dresden 443
(ungelaufen), Slg. Klügel*

Vom Coselpalais blickt man über die Freifläche hinter der Frauenkirche durch die Töpferstraße in die Augustusstraße. Dort kann man den sogenannten Fürstenzug erahnen, die Ahnengalerie der Wettiner von 1127 (Konrad der Große) bis 1904 (König Georg) in der Reihenfolge ihrer Regentschaft auf Meissener Porzellan gemalt. Im Vordergrund ist ein Teil der von Johann Gottfried Knöffler gefertigten zwölf Kinderplastiken auf dem Toreingang des Coselpalais' zu sehen, die als Höhepunkt des sächsischen Barock gelten.

Frauenkirche

Kunstverlag Alfred Hartmann, Dresden-A., Annenstr. 48 II. 1415 (ungelaufen)

Der Neumarkt entstand in der Mitte des 16. Jahrhunderts auf dem Raum, den bis 1546 die alte Stadtmauer eingenommen hatte, die abgebrochen wurde, um die bislang abgetrennte Neustadt mit der alten Stadt zu vereinigen. Den Mittelpunkt des Neumarkts bildete bereits im Mittelalter die Frauenkirche. Der 1726–1734 unter George Bähr errichtete Neubau zählt bis heute zu den berühmtesten Kirchenbauten Europas. 1945 vollständig zerstört, wurde die Frauenkirche 1994–2005 in originalgetreuer Form wieder aufgebaut. Der Blick geht von der Kleinen Kirchgasse über den Neumarkt (rechts das Denkmal für König Friedrich August II.) zur Münzgasse.

Martin-Luther-Denkmal auf dem Neumarkt

S. L. B. No. 14 (gelaufen 1911), Slg. Klügel

Vor der Frauenkirche steht seit 1885 das große Standbild Martin Luthers, eine bronzene Skulptur von Adolf von Donndorf. Der Kopf beruht auf einem Tonmodell Ernst Rietschels für das Lutherdenkmal in Worms, das Rietschel für diesen Zweck aber verworfen hatte. Die Bronze fiel 1945 bei den Luftangriffen auf Dresden um, wurde aber nach dem Krieg an der gleichen Stelle wieder aufgestellt und seitdem nur zu Sanierungen an andere Orte verbracht. Im Eckgebäude befand sich eine Filiale von »Pfunds Molkerei«, deren Hauptsitz in der Bautzner Straße 79 als der schönste Milchladen der Welt gilt.

Altmarkt, Neumarkt und Brühlsche Terrasse 31

Martin-Luther-Denkmal auf dem Neumarkt

Adelbert Bitriol, Dresden 350 (gelaufen 1907)

Im Zusammenhang mit dem Wiederaufbau der Bebauung des Dresdner Neumarkts wurde im Jahr 2004 auch das Luther-Denkmal umfassend restauriert. Die Arbeiten betrafen die aus Lausitzer Granit bestehende Treppenanlage und die aus Syenit gefertigten Sockelteile sowie die Restaurierung und Konservierung der Bronzeplastik. Eine Rekonstruktion der durch den Krieg zerstörten Einfriedung aus Granitsäulen mit schmiedeeisernen Zaunsfeldern ist derzeit nicht vorgesehen.

Friedensbrunnen auf dem Jüdenhof

Buntdruck II 8775/146 (gelaufen 1939)

1866 versetzte man den Friedensbrunnen von der Ostseite des Neumarkts auf den Jüdenhof, direkt vor das Johanneum. Der achteckige Sandsteinbrunnen von 1616 ist einer der ältesten Brunnen der Stadt. In der Beckenmitte steht eine achteckige Säule mit einem viereckigen Podest, an der sich eine Wasser speiende Maske befindet. Auf dem Podest steht die Skulptur der Siegesgöttin Victoria, geschaffen von Conrad Max Süßner zur Erinnerung an die siegreiche Schlacht am Wiener Kahlenberg 1683 gegen die Türken, an der der sächsische Kurfürst Johann Georg III. teilgenommen hatte, weshalb der Brunnen auch unter dem Namen Johann-Georgen-, Victoria- oder Türkenbrunnen bekannt wurde.

Jüdenhof und Neumarkt

Ohne Verlagsangaben (ungelaufen)

Vom Jüdenhof eröffnet sich ein weiter Blick über den Neumarkt. Links ist das Johanneum mit seiner doppelten Freitreppe zu sehen, gefolgt vom »Hotel Stadt Berlin«, erbaut 1769/70 im Stil des Klassizismus – hier residierten u. a. Frédéric Chopin und Fjodor Dostojewski. Das anschließende Weigelsche Haus wurde 1766 mit drei Obergeschossen, Mezzanin und einem hohen Mansarddach um einen zentralen achteckigen Hof neu errichtet und gilt als Muster großbürgerlichen Wohnbaus aus der Zeit nach 1760. Das letzte Haus vor der Frauenkirche ist der »Goldene Ring«, ursprünglich um 1740 errichtet und nach Zerstörungen 1760 vereinfacht wieder hergestellt. Dieser im Zweiten Weltkrieg völlig zerstörte Häuserkomplex wurde in den letzten Jahren komplett wieder errichtet, zum Teil mit Rekonstruktion der historischen Fassaden.

Johanneum

Verlag Gebr. Schelzel, Dresden. No. 633 (ungelaufen)

Das 1586–1590 errichtete, nach König Johann von Sachsen benannte Renaissancegebäude am Jüdenhof diente ursprünglich als Stallgebäude zur Unterbringung der kurfürstlichen Pferde und Kutschen. In das 1730/31 aufgesetzte Obergeschoß zog 1746 die kurfürstliche Gemäldegalerie ein, die hier bis 1855 verblieb. Nach einem dritten Umbau 1872–1876 wurde es als Historisches Museum (die heutige Rüstkammer) genutzt, in drei Räume des Obergeschosses zog die Porzellansammlung ein. Nach starker Kriegsbeschädigung und dem Wiederaufbau ab 1950 fand das Verkehrsmuseum Dresden hier seinen Platz.

Nordwestseite des Neumarkts

Verlag Ed. Erler, Dresden-N., Löwenstr. 12 (gelaufen 1904)

Die Ansichtskarte erfaßt die West- und Nordseite des Neumarkts. Etwa vom Standort des Denkmals für König Friedrich August II. zwischen Moritz- und Landhausstraße geht der Blick über den Platz in die Augustusstraße zur Brühlschen Terrasse, die offenbar gerade saniert wird. Rechts sind das Weigelsche Haus und das »Hotel Stadt Berlin« zu sehen, gegenüber das Johanneum. Die westliche Seite mit ihren Geschäfts- und Wohnhäusern wurde im Zweiten Weltkrieg zerstört, darunter ganz rechts das berühmte Dinglingerhaus (Jüdenhof 5), 1716 nach Entwürfen von Matthäus Daniel Pöppelmann und George Bähr erbaut. Der Komplex soll ab 2014 wieder errichtet werden.

Blick von der Kreuzkirche zum Neumarkt

Kunstverlag Alfred Hartmann, Dresden-A. 16. 61 (gelaufen 1916)

Eine Gesamtansicht des Neumarkts bietet der Blick vom Turm der Kreuzkirche. Im Vordergrund ist die nach rechts verlaufende König-Johann-Straße zu sehen, ganz links erkennt man noch das Gebäude der Dresdner Bank. Daneben zweigen nach Norden die Schuhmacher- und die Kleine Kirchgasse ab. Hinter der Frauenkirche sieht man auf der Neustädter Seite links den Turm der Dreikönigskirche, rechts die Kuppel des Kultus- und Justizministeriums.

Südostseite des Neumarkts

C. Schwager Nachf., Dresden No. 187 (gelaufen 1901), Slg. Klügel

Die Ansichtskarte zeigt die südöstliche Seite des Neumarkts. Im Zentrum steht die Einmündung der Landhausstraße. Rechts von ihr sieht man das Haus der Salomonis-Apotheke, in der 1842/43 der junge Apothekergeselle Theodor Fontane arbeitete. Bei genauerem Hinsehen erkennt man am Haus auch die 1753 an der Ecke zur Landhausstraße angebrachte Salomonisfigur. Vor dem Gebäude befindet sich das Denkmal für König Friedrich August II. von Sachsen (1797–1854), das nach einem Entwurf von Ernst Rietschel durch Ernst Julius Hähnel geschaffen und 1867 auf dem Neumarkt aufgestellt wurde.

Südseite des Neumarkts

Wilhelm Hoffmann A.-G. Dresden B 1615 (gelaufen 1911), Slg. Klügel

Die Ansicht der Südseite des Neumarkts schließt unmittelbar an die vorige Darstellung an. Zwischen Landhaus- und Moritzstraße stehen die Salomonis-Apotheke und das Palais de Saxe. An dieser Stelle hatte sich ursprünglich das renommierte »Hotel de Saxe« befunden, das jedoch 1888 abgerissen und durch einen neobarocken Neubau ersetzt wurde, in dem die Hauptpost ihren Sitz fand. Bei der Wiedererrichtung der im Zweiten Weltkrieg zerstörten Gebäude orientierte man sich jedoch nicht daran, sondern an dem 1760 geschaffenen, weitgehend schmucklosen Gebäude mit hohem Mansarddach – heute befindet sich hier das Steigenberger Hotel de Saxe.

Moritzstraße

Wilhelm Hoffmann A.-G. Dresden 416 (gelaufen 1902)

Die Moritzstraße verband den Maximiliansring mit dem Neumarkt. Etwa auf halbem Wege kreuzte sie die König-Johann-Straße, hier erkennbar am grünen Erker des Eckhauses. Im Hintergrund sind das Johanneum und der Turm der Hofkirche zu erkennen. Ihren Namen erhielt die Straße nach Kurfürst Moritz von Sachsen, dem Begründer des albertinischen Kurfürstentums Sachsen, unter dessen Regentschaft Dresden zur Haupt- und Residenzstadt des Kurfürstentums wurde.

Münzgasse

Original-Aufnahme und Photochromie: Nenke & Ostermaier, Dresden. Allein-Vertrieb: Emil Degenkolb, Blasewitz, 1211 (gelaufen 1906)

Der »Malerblick« von der Brühlschen Terrasse durch die Münzgasse zum Neumarkt zählt bis heute zu den beliebtesten Dresden-Motiven der Künstler und Fotografen. Benannt nach der ursprünglich in ihrer Nähe gelegenen kurfürstlichen Münzstätte, die 1887 abgebrochen wurde, genoß die Münzgasse lange Zeit einen zweifelhaften Ruf als Stätte der Prostitution. Von den 13 Häusern, die auf einem Stadtplan von 1849 verzeichnet sind, waren immerhin drei Wirtshäuser, darunter linkerhand das Wirtshaus mit Pension »Grüner Baum«. Wo sich heute das Hotel Hilton befindet, stand damals das »Goldene Faß«.

Brühlsche Terrasse

Wilhelm Hoffmann A.-G. Dresden. 9183 (gelaufen 1909)

Von der Münzgasse führt seit 1878 eine Treppe hinauf zur Brühlschen Terrasse. Die etwa 500 Meter lange Terrasse, auch als »Balkon Europas« bekannt, liegt zwischen der Carolabrücke im Osten und der Augustusbrücke im Westen. Im 16. Jahrhundert als Teil der Dresdner Festungsanlagen geschaffen, ließ der sächsische Premierminister Heinrich von Brühl ab 1739 darauf mehrere Gebäude und eine Gartenanlage errichten. Ab 1814 war die Terrasse auch öffentlich zugänglich. Die Brühlschen Gebäude wurden am Ende des 19. Jahrhunderts und zu Beginn des 20. Jahrhunderts abgerissen und durch die heutige Bebauung ersetzt.

Altstadt oberhalb der Carolabrücke

Verlag A. Desbarats, Dresden. No. 26 (gelaufen 1911)

Im Mittelpunkt der Ansicht von der Neustädter Seite aus steht die Carolabrücke, benannt nach Carola von Wasa-Holstein-Gottorp (1833–1907), der Gemahlin von König Albert. Die 340 Meter lange Brücke wurde 1892–1895 errichtet und besaß eine knapp 10 Meter breite Fahrbahn mit einer zweigleisigen Straßenbahntrasse sowie zwei jeweils etwa 3 Meter breite Gehwege. 1945 sprengten Einheiten der Waffen-SS die Brücke teilweise, um den Vormarsch der Roten Armee zu hemmen. Erst 1967–1971 wurde der heutige Neubau errichtet. Auf der linken Seite der Ansichtskarte ist die Synagoge zu erkennen, nach rechts gefolgt von den Türmen des Neuen Rathauses, der Kreuzkirche und der Frauenkirche.

Venezianisches Haus am Terrassenufer

Dr. Trenkler Co., Leipzig. 13488 (ungelaufen)

Links von der Carolabrücke begann eine dichte Bebauung mit Wohn- und Geschäftshäusern, die bis zum Feldherrenplatz (heute Thomas-Müntzer-Platz) reichten und zur Pirnaischen Vorstadt bzw. zur Johannstadt gehörten. Den Anfang machte das sogenannte Venezianische oder Maurische Haus (Terrassenufer 3) an der Ecke von Terrassenufer und Elbberg; im Hintergrund ist die Elbgasse zu sehen. Der Bauherr Eugen von Gutschmid wollte, daß sein Haus den Beginn einer Prachtstraße venezianischer Palazzi am Dresdner Terrassenufer bilden sollte. Das 1845 von Heinrich Hermann Bothen erbaute Haus wurde nach dem Vorbild eines venezianischen Palazzo erbaut. Genau 100 Jahre später fiel es wie alle Gebäude in seiner Umgebung den Bomben zum Opfer.

Maurisches Haus, Terrassenufer
Dresden's interessante Bauten

Dr. Trenkler Co., Leipzig. 13488

Synagoge

Synagoge

Schneider & Co. Altenburg (Künstler Postk.) (gelaufen 1900), Slg. Klügel

Auf der Altstädter Seite der Carolabrücke stand die Synagoge. 1838–1840 nach Plänen von Gottfried Semper im neoromanischen Stil errichtet, war sie im Inneren einheitlich im maurischen Stil gestaltet und diente in der Folgezeit als Modell für zahlreiche weitere Synagogenbauten. Die Synagoge bot etwa 1000 Personen Platz. Sie war damit zur Zeit ihrer Fertigstellung die größte Synagoge in Deutschland. Am 9. November 1938 wurde das Gebäude von Angehörigen der SA niedergebrannt; die herbeieilende Feuerwehr verhinderte lediglich das Übergreifen des Feuers auf andere Gebäude. Die ausgebrannte Ruine wurde noch im selben Jahr gesprengt, die Kosten der Trümmerbeseitigung wurden der jüdischen Gemeinde auferlegt. Seit 1975 erinnert eine Gedenkstele in Form einer sechs- statt wie üblich siebenarmigen Menorah an die Zerstörung der Synagoge und an die Ermordung der Juden zur Zeit des Nationalsozialismus.

DRESDEN — Anlagen am Kgl. Belvédère
Dr. Trenkler Co., Leipzig. 19951

Anlagen am Belvedere

Dr. Trenkler Co., Leipzig. 19951 (gelaufen 1904), Slg. IfL

Der nordöstliche Teil der ehemaligen Befestigungsanlagen, heute als Bärenzwinger bekannt, wurde 1519/21 durch Caspar Voigt von Wierandt errichtet und 1590/92 erweitert. Der Name ist volkssprachlich abgeleitet von »Batardeau« (Abdämmung, Schleusendamm) und hat nichts mit dem Raubtier zu tun. Die Anlage des Bärenzwingers diente dem Schutz des Schleusendamms, der den Stadtgraben vom Elbstrom trennte. Der Bereich vor dem Bärenzwinger wurde später als Gondelhafen genutzt, 1856 zugeschüttet und als Parkanlage gestaltet. Seit 1968 werden die von Studenten freigeräumten Gewölbe der unterirdischen Kasematten als »Studentenclub Bärenzwinger« genutzt.

Dresden. Königl. Belvedere mit Gondelhafen.

Belvedere mit Gondelhafen

Kunstverlag Max Köhler, Dresden (gelaufen 1908)

Auf der Nordostecke der Brühlschen Terrasse stand das kurfürstliche Lustschloß Belvedere (Schöne Aussicht). Im ersten, ab 1590 auf der Jungfernbastei errichteten Bau befand sich das Laboratorium, in dem Johann Friedrich Böttger 1707 die Erfindung des europäischen Hartporzellans gelang. Der auf der Karte zu sehende Bau war das vierte und (vorläufig) letzte Belvedere, 1842 im Stil der italienischen Renaissance errichtet. Es besaß zwei Festsäle, Gesellschaftszimmer und eine Aussichtsgalerie und wurde als Gaststätte genutzt. 1945 wurde das Belvedere zerstört; ob es jemals wieder errichtet wird, ist ungewiß. Erhalten geblieben ist dagegen das Moritz-Monument aus dem Jahre 1555 – es zeigt Kurfürst Moritz, wie er seinem Bruder August das sächsische Kurschwert überreicht.

Schiffsanlegeplätze am Terrassenufer

Hermann Poy, Dresden 64015. Nachdruck verboten (gelaufen 1910)

Solange Dresden über keinen eigenen Hafen verfügte, befanden sich vor der Brühlschen Terrasse die Schiffslandeplätze. Wo heute nur noch die Ausflugsdampfer halten, wurde über Jahrhunderte hinweg der über die Elbe gehende Warenverkehr nach und von Dresden abgewickelt. Die hohen Mauern der ehemaligen Festungsanlagen aus dem 16. Jahrhundert waren und sind zugleich ein wirksamer Schutz gegen das Hochwasser – das Areal des Neumarkts um die Frauenkirche herum ist bis 9,24 Meter Wasserpegel vor den Fluten geschützt.

Landungsplatz der Dampfschiffe

J. B. S., D. 1910. No. 7 (ungelaufen)

Als 1895 in der Friedrichstadt der Elbhafen fertiggestellt wurde, verloren die Schiffslandeplätze zwischen Augustus- und Carolabrücke allmählich ihre traditionelle Funktion für den Warenverkehr. 1910 erhielt die 1837 gegründete Sächsisch-Böhmische Dampfschiffahrtsgesellschaft für ihre 33 Dampfschiffe einen Liegeplatz am Dresdner Terrassenufer unterhalb der Brühlschen Terrasse. 1928 ging aus ihr die »Weiße Flotte« hervor, deren Name sich auf den weißen Anstrich der Schiffe bezog. Die Durchfahrt unterhalb der Brühlschen Terrasse, die rechts im Vordergrund zu sehen ist, entstand erst 1878.

Ludwig-Richter-Denkmal

Orig.-A. Hugo Engler, Dresden 01-394 (ungelaufen)

Am östlichen Ende der Brühlschen Terrasse liegt das Albertinum. Ursprünglich als Zeughaus errichtet, wurde es am Ende des 19. Jahrhunderts zum Museum umgebaut und nach König Albert (1828–1902) benannt. Heute beherbergt es die Skulpturensammlung und die Galerie Neue Meister der Staatlichen Kunstsammlungen Dresden. Seit 1898 stand vor dem Albertinum das von Eugen Kircheisen angefertigte Denkmal für den Maler und Grafiker Ludwig Richter (1803–1884), einen Hauptvertreter der Romantik und des Biedermeier in Deutschland. Als einziges der vier Denkmale auf der Brühlschen Terrasse wurde es 1943 zu Kriegszwecken eingeschmolzen. Seit 2004 kümmert sich der Förderverein »Schlösser und Gärten in Dresden e. V.« um die Rekonstruktion des Denkmals.

Kunstakademie

Orig.-Aufn. v. R. Brauneis, Dresden. Kunstverl. Rudolf Brauneis Dresden-A. 19, Carlowitzstr. 31. 1575 (gelaufen 1932)

Nach Plänen des Architekten Constantin Lipsius entstand 1887–1894 an der Brühlschen Terrasse im Stil des Historismus der Neubau für die Königliche Kunstakademie (heute Hochschule für Bildende Künste Dresden). Der im Bild zu sehende linke Seitenflügel dient seit 2005 als Kunsthalle am Lipsius-Bau. Daß dieser Gebäudeteil zur Brühlschen Terrasse um etwa 45 Grad versetzt ist, hat städtebauliche Gründe, weil die Befestigungsanlagen an der Jungfernbastei um diesen Winkel nach Südosten abknickten und sich auch die Front dieses Gebäudeteils an ihnen ausrichten sollte. An der Seite der Kunsthalle steht bis heute das Denkmal für den Architekten Gottfried Semper (1803–1879), 1889–1892 von Johannes Schilling geschaffen.

Haupteingang der Kunstakademie

Dr. Trenkler Co., Leipzig, 1903. 23427 (ungelaufen)

Beim Bau der Kunstakademie schöpfte Constantin Lipsius aus dem Vollen. Besonders die zur Elbe hin zeigende Nordfassade wurde außergewöhnlich üppig ausgeschmückt, u. a. mit zahlreichen Sandsteinreliefs und teilweise vergoldeten Figuren. Sie zeigen Motive aus der europäischen Kunst- und Kulturgeschichte, angefangen bei der antiken griechischen Mythologie bis hin zu frühneuzeitlichen Meistern. Der hier zu sehende Haupteingang wurde im Stil der Neorenaissance in Form eines Portikus mit Vorhalle gestaltet. Vier korinthische Säulenpaare tragen einen dreieckigen Flachgiebel, der von der Figur der Saxonia bekrönt wird.

Kunstakademie mit Frauenkirche

Kunstverlag Max Köhler, Dresden. 1911 (gelaufen, undatiert)

Zu sehen ist die nördliche Hauptfront der Königlichen Kunstakademie auf der Seite der Brühlschen Terrasse, rechts davon im Hintergrund die Kuppel der Frauenkirche. Der Durchbruch vom Terrassenufer zur Münzgasse (unterhalb der Terrasse) wurde erst 1878 geschaffen, um eine bessere Verbindung zwischen Innenstadt und den Landungsplätzen der Dampfschiffe zu gewährleisten.

Kunstakademie mit »Zitronenpresse«

FKD Typochrom. Kunstanstalt Krille & Martin, Dresden-A. A.1659 (gelaufen 1910)

Vom Turm der Frauenkirche erkennt man im Vordergrund die vierflügelige Anlage der Kunstakademie von Constantin Lipsius, die einen gut 1000 Quadratmeter großen Innenhof umschließt, um den herum sich Ateliers und Lehrsäle gruppieren. In der Mitte vorn sieht man einen pavillonartigen halbrunden Gebäudeteil mit abgeflachter Kuppel, in dem sich heute der Anatomiesaal befindet. Rechts ist die charakteristische Hauptkuppel mit ihrem gefalteten Glasdach zu sehen, im Volksmund »Zitronenpresse« genannt, die sich über einem gelenkartigen Pavillon mit achteckigem Ausstellungssaal befindet. Auf der Kuppel thront die 4,8 Meter hohe Figur der Fama, die den Künstlerruhm verkörpert.

Ernst-Rietschel-Denkmal

Kunstverlag Alfred Hartmann, Dresden-A. 1612 (ungelaufen), Slg. IfL

Ernst Rietschel (1804–1861) gehörte zu den bedeutendsten deutschen Bildhauern des 19. Jahrhunderts. Besonders mit seinen Denkmalsskulpturen prägte er das Bild Deutschlands als »Land der Dichter und Denker« maßgeblich mit. Von ihm stammen u. a. das Goethe-Schiller-Denkmal in Weimar, das Luther-Denkmal in Worms, das Lessing-Denkmal in Braunschweig sowie in Dresden die Denkmäler für König Friedrich August I. und für Carl Maria von Weber. Seit 1876 steht vor der Sekundogenitur auf der Brühlschen Terrasse – »An der Stätte seines Wirkens« – das von seinem Schüler und Nachfolger Johannes Schilling geschaffene Rietschel-Denkmal. Die Reliefs am Sockel stellen Geschichte, Poesie und Religion, die Figuren die typischen Bildhauerarbeiten Zeichnen, Modellieren und Meißeln dar.

Ständehaus

Krille & Martin Dresden-A. 1272A (gelaufen 1919)

Rechts neben der Kunstakademie stand das Gebäude der Sekundogenitur. Sie wurde 1897 anstelle der Brühlschen Bibliothek errichtet, in der sich 1791–1895 die Kunstakademie befunden hatte, in der u. a. Anton Graff, Caspar David Friedrich und Gottfried Semper wirkten. Nach dem Umzug der Kunstakademie in den unmittelbar benachbarten Neubau von Lipsius wurde das alte Bibliotheksgebäude abgerissen und durch einen modernen Bau ersetzt, der zunächst die Bibliothek und Kupferstichsammlung des zweitgeborenen Prinzen Johann Georg beherbergte. Nach schwerer Zerstörung 1945 wurde das Haus 1963/64 wieder aufgebaut und dient seitdem gastronomischen Zwecken. Der im Bild zu sehende Durchbruch zur Brühlschen Gasse erfolgte erst 1890.

Blick von der Hofkirche auf die Brühlsche Terrasse

Kunstverlag Krille & Martin, Dresden-A. 3. 1284 (gelaufen 1910), Slg. IfL

Die Brühlsche Terrasse war ursprünglich privates Gelände. Erst 1814 erließ Fürst Nikolai Grigorjewitsch Repnin-Wolkonski, der sächsische Generalgouverneur, den Befehl, die Terrasse der Öffentlichkeit zugänglich zu machen. Der Architekt Gottlob Friedrich Thormeyer wurde mit dem Bau einer Freitreppe beauftragt, die zunächst mit zwei Sandsteinlöwen von Christian Gottlieb Kühn geschmückt war. In den 1860er Jahren wurden die Löwen durch die Figurengruppe »Vier Tageszeiten« von Johannes Schilling ersetzt. Die Löwen befinden sich heute im Großen Garten von Dresden, während die Schillingschen Sandsteinfiguren 1908 gegen Bronzeabgüsse ausgetauscht und die Originale nach Chemnitz verschenkt wurden.

2. SCHLOSS, ZWINGER, POSTPLATZ UND WILSDRUFFER VORSTADT

Friedrich-August-Brücke

Kunstverlag Alfred Hartmann, Dresden-A., Annenstr. 48 II. 2376 (ungelaufen), Slg. IfL

Bereits im 11. Jahrhundert gab es an der Stelle der heutigen Augustusbrücke eine Brücke, die die beiden Elbufer miteinander verband und vom Schloßplatz zum Neustädter Markt führte. Im Laufe der folgenden Jahrhunderte wurde sie mehrfach umgebaut und erweitert, bis die Brücke zu Beginn des 20. Jahrhunderts abgebrochen und 1907–1910 komplett neu errichtet wurde. Der Neubau trug nach dem damaligen König Friedrich August III. den Namen Friedrich-August-Brücke. 1945 wurde sie in Georgi-Dimitroff-Brücke umbenannt, seit 1990 heißt sie wieder Augustusbrücke – zur Erinnerung an August den Starken, unter dem sie 1717–1731 durch Pöppelmann bereits einmal umgebaut und erweitert worden war.

Ständehaus mit König-Albert-Denkmal

Kunstanstalt Krille & Martin, Dresden-A. (gelaufen 1911), Slg. IfL

An der östlichen Seite des Schloßplatzes befindet sich der Haupteingang des Sächsischen Ständehauses. Für den 1901–1907 errichteten Bau von Paul Wallot, dem Architekten des Berliner Reichstags, waren zuvor drei Barockhäuser abgerissen worden. Im Ständehaus tagte von 1907 bis 1933 der Sächsische Landtag, der bis dahin im Landhaus zusammengekommen war. Stadtbildprägend wurde der seitlich versetzte Turm mit der vergoldeten Figur der Saxonia von Johannes Schilling. Heute tagt hier das Oberlandesgericht Dresden. Vor dem Ständehaus ist das von Max Baumbach geschaffene bronzene Reiterdenkmal für König Albert von Sachsen zu sehen. Es wurde 1945 eingeschmolzen, heute befindet sich an seiner Stelle das Denkmal für König Friedrich August I.

Schloßplatz

Heliokolorkarte von Ottmar Zieher, München Z 3226 (ungelaufen)

Von der Brühlschen Terrasse gelangt man auf den Schloßplatz, der in den 1740er Jahren im Zusammenhang mit dem Bau der Katholischen Hofkirche (ganz rechts) entstand, als Kurfürst Friedrich August II. mehrere in der Nähe des Schlosses stehende Gebäude sowie das Brückentor und die angrenzenden Teile des Festungswerkes abtragen ließ. Links ist das Ständehaus, im Zentrum das 1889-1901 im Stil der Neorenaissance neu gestaltete Georgentor zu sehen. Zwischen beiden erkennt man am Beginn der Augustusstraße den bis 1876 als Sgraffito fertiggestellten und 1904–1907 durch Keramikfliesen aus Meissener Porzellan ersetzten »Fürstenzug« von Wilhelm Walther.

Schloßplatz und Theaterplatz

Gebr. Schelzel, Kunstverlag, Dresden. Nr. 203 (gelaufen 1930)

Nach einer leichten Drehung in Richtung Südwesten erfaßt der Blick vom Schloßplatz aus das Georgentor, den Hausmannsturm genannten Schloßturm, die Katholische Hofkirche und den Theaterplatz mit dem Königlichen Hoftheater, der sogenannten Semperoper.

Georgentor und Schloßturm

Kunstverlag Carl Döge, Dresden-N. 12, Helgolandstr. 19. 301 (gelaufen 1916)

Wo heute das Georgentor (auch Georgenbau genannt) steht, befand sich ursprünglich der Ausgang der Altstadt zur Elbbrücke. Errichtet 1530–1535, war das Georgentor der erste Dresdner Bau im Stil der Renaissance. Nach dem Schloßbrand 1701 wurden im Georgenbau die kurfürstlichen bzw. königlichen Gemächer eingerichtet, so befanden sich dort die Prunkgemächer Augusts des Starken, und noch der letzte sächsische König Friedrich August III. lebte bis 1918 hier. Als man an der Wende zum 20. Jahrhundert das Schloß komplett umbaute, wurde bis 1901 auch die Fassade des Georgentors im Stil der Neorenaissance umgestaltet. Das überlebensgroße, etwa 4 Meter hohe Reiterstandbild Herzog Georgs des Bärtigen im Schaugiebel des Georgentors schuf der Bildhauer Christian Behrens.

Katholische Hofkirche

Orig.-Aufn. v. R. Brauneis, Dresden. Kunstverlag Rudolf Brauneis, Dresden-A. 19, Spenerstr. 62. 1576 (ungelaufen), Slg. IfL

Die Katholische Hofkirche wurde 1739–1755 unter Kurfürst Friedrich August II. durch Gaetano Chiaveri im Stil des Barock errichtet. Während der Luftangriffe vom 13. bis 15. Februar 1945 wurde die Kirche mehrfach von Sprengbomben getroffen. Das Dach und die Gewölbe im Innenraum stürzten ein. Die Außenwände wurden beschädigt, teilweise wurden sie vollständig zerstört. Bereits 1946 begann der Wiederaufbau, der bis 1965 andauerte. Seit 1751 diente die Kirche zugleich als Gruftkirche der Wettiner. Insgesamt fanden 49 Mitglieder der albertinischen Linie des Hauses Wettin sowie deren Ehepartner und Kinder hier ihre letzte Ruhe. Das Herz Augusts des Starken befindet sich in einer Kapsel in der sogenannten Stiftergruft.

Hofkirche und Schloß

Kunstverlag Alfred Hartmann, Dresden-A., Annenstr. 48 II. 133 (gelaufen 1914), Slg. IfL

Von der westlichen Seite der Gemäldegalerie geht der Blick über den Theaterplatz zur Katholischen Hofkirche und zum Königlichen Schloß mit dem Hausmannsturm, der mit seinen gut 100 Metern Höhe der höchste Turm Dresdens war, und der davor befindlichen Altstädtischen Hauptwache, errichtet 1831–1833 nach Plänen von Karl Friedrich Schinkel. Das Schloß diente über Jahrhunderte als Residenz der sächsischen Kurfürsten (1547–1806) und Könige (1806–1918). Der 1945 schwer zerstörte Stammsitz der albertinischen Linie der Wettiner wird seit 1990 minutiös rekonstruiert. Heute beherbergt das Schloß fünf Museen: das Grüne Gewölbe, das Münzkabinett, das Kupferstichkabinett sowie die Rüstkammer mit der Türckischen Kammer.

Sophienstraße mit Schloß

Brück & Sohn, Meißen 18711 (gelaufen 1916), Slg. Klügel

Vom 1854 angefügten Anbau des Deutschen Pavillons des Zwingers (im Bild links) geht der Blick nach Nordosten durch die Sophienstraße. Rechts sind die westlichen Gebäudeteile des Königlichen Schlosses zu sehen, davor der Wettin-Obelisk, links folgen die Altstädtische Hauptwache und, im Hintergrund, das »Italienische Dörfchen« am Elbufer.

Westseite des Schlosses und Wettin-Obelisk

Kunstverlag Alfred Hartmann, Dresden-A. 16. 1520 (ungelaufen)

Die Ansicht des Schlosses von Westen zeigt im Vordergrund den 19 Meter hohen Wettin-Obelisken, den die Dresdner Architekten Rudolf Schilling und Julius Graebner 1896 zur Erinnerung an den 800. Jahrestag des Hauses Wettin schufen, wobei sie eng mit Schillings Vater zusammenarbeiteten, dem berühmten Bildhauer Johannes Schilling. Im Unterschied zu den mittlerweile wieder rekonstruierten Schloßbauten ist der 1945 zerstörte Obelisk noch nicht wieder errichtet worden. Die westlichen Räumlichkeiten des Schlosses beherbergten nach den Umbauten an der Wende zum 20. Jahrhundert im Erdgeschoß hinter den malerischen Gittern das Grüne Gewölbe, in der Ecke des zweiten Geschosses lag der Thronsaal.

Großer Schloßhof

Albert Bitriol, Dresden 328 (ungelaufen)

Der Große Schloßhof – hier zu sehen die Südwestecke des Nordflügels unterhalb des Schloßturms – war das Zentrum der ausgedehnten Schloßanlagen. Er verfügte über vier Treppentürme im Stil der deutschen Frührenaissance, errichtet um 1550, und einen Altan an der Turmseite, an der ein großer figürlicher Fries angebracht war, der die Geschichte Josuas darstellte. Seit vielen Jahren laufen die Arbeiten am Wiederaufbau des Großen Schloßhofes, der nach seiner Fertigstellung für Freiluftveranstaltungen genutzt werden soll. Rekonstruiert wird in diesem Falle jedoch nicht der Vorkriegszustand, sondern der zentrale Hof des kurfürstlichen Residenzschlosses des 16. und 17. Jahrhunderts. Bereits weitgehend vollendet ist die Ausgestaltung der Fassaden mit Sgrafitto, einer speziellen Putztechnik aus dem 16. Jahrhundert.

Südflügel des Schlosses

Orig.-A. Hugo Engler, Dresden 04-1231. Ges. gesch. (ungelaufen)

Anlässlich der 800-Jahr-Feier des Hauses Wettin 1889 ließ König Albert das Schloß zwischen 1889 und 1901 umfassend restaurieren und mit einem einheitlichen äußeren Erscheinungsbild im Stil der deutschen Neorenaissance versehen. Den Umbau leiteten Gustav Dunger und Gustav Fröhlich. Dabei wurde auch ein neuer Südflügel errichtet, wodurch ein dritter Schlosshof entstand, der als Wirtschaftshof genutzt wurde. Der neue Südflügel wurde durch eine Brücke im Stil des Neobarock mit dem Taschenbergpalais (rechts) verbunden.

König-Johann-Denkmal

Kunstanstalt Karl Braun & Co. München 11107. Ges. gesch. (gelaufen 1905)

Seit 1889 steht auf dem Theaterplatz das von Johannes Schilling geschaffene bronzene Reiterstandbild des sächsischen Königs Johann (1801–1873), der das Land Sachsen von 1854 bis zu seinem Tod 1873 regierte. Die Justizreform von 1855, die Erweiterung des Eisenbahnnetzes, die Einführung der Gewerbefreiheit sind hauptsächlich seiner Anregung und Förderung zu verdanken. Er setzte sich für die großdeutsche Lösung der Reichseinigung (unter Einschluß Österreichs) ein. Daher kämpfte das Königreich Sachsen 1866 im Deutschen Krieg an der Seite Österreichs. Nach der Niederlage von Königgrätz trat Sachsen schließlich dem Norddeutschen Bund und 1871 dem Deutschen Kaiserreich unter der Hegemonie des Königreichs Preußen bei. Neben seiner politischen Arbeit beschäftigte sich Johann mit Literatur und übersetzte Dantes »Göttliche Komödie«.

Schloßstraße mit Georgentor

Dr. Trenkler Co., Leipzig. 1903. 22372 (gelaufen 1908), Slg. IfL

Auf der östlichen Seite grenzt das Schloß an die Schloßstraße (bis 1858 Schloßgasse), die vom Altmarkt nach Norden zur Elbe führt. Am Ende des 18. Jahrhunderts galt sie als »eine der breitesten und lebhaftesten Straßen« Dresdens. Die Ansicht zeigt in der Mitte die südliche Seite des Georgentores, links das Residenzschloß und auf der rechten Seite die Bebauung ab Höhe der Sporergasse, darunter vorn das sogenannte Frei-Mutter- oder Geistliche Haus (Schloßstraße 32), das ursprünglich als Kurfürstliches Witwenhaus gedient hatte und seit 1773 Sitz des katholischen Hofgeistlichen war, sowie dahinter mit dem Erker das Zehmsche Haus (Schloßstraße 36). Die 1945 komplett zerstörten Häuser wurden 2010–2012 in Annäherung an die ursprünglichen Bauformen und Fassadengestaltungen durch Neubauten ersetzt.

Schloßstraße vom Altmarkt aus

Wilhelm Hoffmann A.-G. Dresden 442 (gelaufen 1902), Slg. IfL

In der Schloßstraße – hier eine Gesamtansicht vom Altmarkt aus – hatten viele renommierte Geschäfte, Hotels und Restaurants ihren Sitz. Dazu zählte auch die zwischen Schloßstraße und Schössergasse gelegene, international berühmte Galerie und Kunsthandlung Ernst Arnold, deren Inhaber Ludwig Gutbier von französischen Impressionisten begeistert war und sich für die deutschen Expressionisten einsetzte. 1910 fand hier die legendäre Ausstellung der Brücke-Künstler statt.

Stallhof

Kunstverlag Alfred Hartmann, Dresden-A. Annenstr. 48 II. 1299 (gelaufen 1922)

Auf der anderen Seite der Schloßstraße setzten sich die zum Schloß gehörenden Bauten mit dem Stallhof fort. Erbaut 1586–1588 unter Kurfürst Christian I., diente er im 17. Jahrhundert als Schauplatz für große Reitturniere. Heute ist er einer der ältesten in der originalen Ausgestaltung erhaltenen Turnierplätze der Welt. Seit den 1930er Jahren wird der Stallhof für kulturelle Veranstaltungen wie den mittelalterlichen Weihnachtsmarkt genutzt. Links ist die Rückseite des an der Schloßstraße liegenden, 1567 errichteten Kanzleihauses zu sehen. Rechts verbindet der »Lange Gang« den Georgenbau mit dem einstigen Stallgebäude, dem heutigen Johanneum. Die offene Bogenhalle mit einer Arkadenreihe aus 20 toskanischen Säulen diente als Zuschauerraum für die höfischen Turniere und Hetzjagden.

Augustusstraße

Orig.-Aufn. v. R. Brauneis, Dresden. Kunstverlag Rudolf Brauneis, Dresden-A. 19, Schandauer Str. 1a. 1668 (gelaufen 1909), Slg. IfL

Vom Turm der Frauenkirche öffnet sich der Blick über die Augustusstraße in Richtung Osten. Links im Vordergrund ist der Stallhof zu sehen, dahinter das Schloß mit dem Hausmannsturm. Auf der Außenseite des Langen Ganges an der Augustusstraße wurde 1904–1907 der »Fürstenzug« angebracht, das überlebensgroße Bild eines Reiterzuges, aufgetragen auf rund 23 000 Meissener Porzellanfliesen. Das mit 102 Metern Länge größte Porzellanbild der Welt stellt die Ahnengalerie der zwischen 1127 und 1904 in Sachsen herrschenden 35 Markgrafen, Herzöge, Kurfürsten und Könige aus dem Geschlecht des Fürstenhauses Wettin dar – lediglich der letzte sächsische König Friedrich August III., der von 1904 bis 1918 regierte, fehlt.

Schloß, Zwinger, Postplatz und Wilsdruffer Vorstadt 53

Theaterplatz

Ohne Verlagsangaben (ungelaufen), Slg. IfL

Die Vielzahl der Türme in der Dresdner Altstadt ermöglichte es den Fotografen, immer wieder neue Gesamtansichten festzuhalten. Dieser Blick ist gewissermaßen die Fortsetzung der vorigen Ansicht, nun vom Turm des Ständehauses aus. Links steht das Königliche Opernhaus, dahinter das Fernheiz- und Elektrizitätswerk an der Großen Packhofstraße und davor zur Elbe hin das »Hotel Bellevue«. Vor der nach rechts führenden Marienbrücke erkennt man noch die Lagergebäude der Königlichen Zoll- und Steuerinspektion sowie den 1913/14 von Hans Erlwein erbauten großen Speicher, der der Lagerung von Tabak, Wolle, Gewürzen und Stoffen diente.

Blick vom Fernheizwerk

Kunstverlag Alfred Hartmann, Dresden-A. 16. 1595 (ungelaufen)

Diesmal blickt der Betrachter in die entgegengesetzte Richtung – vom Turm des Fernheizwerkes nach Südosten über die Brühlsche Terrasse. Rechts ist der Schloßturm zu sehen, daneben die Westseite der Katholischen Hofkirche, hinter der noch knapp der Turm der Kreuzkirche am Altmarkt hervorragt. Nach links folgen die Kuppel der Frauenkirche und der Turm des Ständehauses sowie die Neubauten auf der Brühlschen Terrasse mit der gläsernen Kuppel der Kunstakademie. Nach links führt die Augustusbrücke über die Elbe in die Dresdner Neustadt.

Blick von der Marienbrücke

Paul Heine, Dresden-N. 15. No. 3005 A (gelaufen 1912)

Zu den beliebtesten Dresden-Motiven gehört die Silhouette der Altstädter Seite vom Fluß bzw. von den Brücken aus gesehen. Die Marienbrücke war die am weitesten westlich gelegene Verbindung über die Elbe. Tatsächlich besteht sie aus zwei Bauwerken – 1852 wurde für den Straßen- und Eisenbahnverkehr eine kombinierte Brücke errichtet, 1901 erhielt der Eisenbahnverkehr unmittelbar daneben ein eigenes Brückenbauwerk mit vier Gleisen. Zwischen der Marien- und der Augustusbrücke erstreckte sich am Altstädter Ufer ein industriell genutztes Gelände. Mehrere Eisenbahngleise führten zu den Holzschuppen und den großen Lagergebäuden sowie zum Fernheiz- und Elektrizitätswerk, die im rechten Bildteil zu sehen sind.

Fernheiz- und Elektrizitätswerk

Dresdner Karten-Vertriebsanstalt R. J. Leonhardt, Dresden-A. 19 (gelaufen 1910)

Nach Entwürfen der Dresdner Architekten William Lossow und Hermann Viehweger entstand 1899–1901 am Alten Packhof hinter der Semperoper das Königliche (später Staatliche) Fernheiz- und Elektrizitätswerk. Es diente der Versorgung von insgesamt 18 staatlichen Gebäuden in seinem Umfeld mit Elektroenergie und Fernwärme, darunter der Katholischen Hofkirche, der Oper, der Gemäldegalerie und dem Zwinger, dem Schloß und dem Ständehaus. Seine Leitungen und Kabel reichten bis zum Polizeipräsidium und zum Landhaus. Um die Stadtsilhouette nicht zu stören, erhielt der Industriebau eine Fassade aus Elbsandstein, ebenso wurde der Schornstein als Turmbau mit Aussichtsplattform ausgeführt. 1935 wurde der Turm abgetragen, das Gebäude fiel 10 Jahre später den Bomben zum Opfer.

»Helbigs Etablissement«

Kunstverlag Max Köhler, Dresden-N. 400 (gelaufen 1905)

In der Mitte des 18. Jahrhunderts entstanden im Zusammenhang mit dem Bau der Katholischen Hofkirche entlang der Elbe provisorische Wohnbauten aus Fachwerk für die vielen Bauhandwerker, die zum größten Teil aus Italien gekommen waren – sie gaben dem Areal seinen Namen »Italienisches Dörfchen«. Nach wiederholten Umbauten und Abrissen entstand Ende des 19. Jahrhunderts das Restaurant »Helbigs Etablissement«, ein langgestreckter Bau, dessen Terrassen unmittelbar über der Elbe hingen und der ein beliebter Treffpunkt der Dresdner war. 1910 wurde »Helbigs Etablissement« abgerissen und durch den Neubau des »Italienischen Dörfchens« von Hans Erlwein ersetzt.

Elbufer-Terrasse von »Helbigs Etablissement«

Dr. Trenkler Co., Leipzig. 1907. Dsd. 296 (gelaufen 1906)

Legendär war die Terrasse von »Helbigs Etablissement«, auf der die Gäste vor den Befestigungsmauern direkt über der Elbe saßen und den Blick zur Brühlschen Terrasse mit dem Ständehaus oder auch hinüber zur Neustädter Elbseite genießen konnten.

»Italienisches Dörfchen«

B. H. D. (ungelaufen), Slg. IfL

Die Gaststätte »Italienisches Dörfchen« wurde 1911/13 auf dem Baugrund des 1910 abgerissenen Terrassenrestaurants »Helbigs Etablissement« nach Entwürfen von Hans Erlwein errichtet. Das Gebäude schließt den Theaterplatz gegenüber der Elbseite ab. Erlwein gestaltete einen zweigeschossigen Hauptbau, an den sich eine schmale Halle, der sogenannte Biersaal, anschloß und der mit einem rechteckigen, erhöhten Pavillon, dem Speisesaal, endete. Nach der Zerstörung 1945 wurde das Gebäude 1956 anläßlich der 750-Jahr-Feier der Stadt Dresden wieder aufgebaut. 1992/94 erfolgte eine umfassende Rekonstruktion und Wiedernutzung als Gaststätte. Im Hintergrund ist das »Hotel Bellevue« zu sehen, das 1945 ebenfalls zerstört wurde – sein Name wurde 1985 einem auf der anderen Elbseite neu gebauten Luxushotel übertragen.

Opernhaus

O. S. N. 3 (ungelaufen)

Da sich der Theaterplatz am westlichen Rand der Altstadt befindet, gibt es hier kaum eine kommunale oder bürgerliche Bebauung. Vielmehr wird er von drei großen Bauten dominiert, die im kurfürstlichen bzw. königlichen Auftrag entstanden – im Südosten von der Katholischen Hofkirche, im Südwesten von der Gemäldegalerie und im Nordwesten von der Königlichen Hofoper. 1838–1841 errichtete Gottfried Semper am Theaterplatz ein Hoftheater, das jedoch 1869 bei einem Brand völlig zerstört wurde. 1871–1878 entstand nach Sempers Plänen ein neues Theater, das von seinem Sohn Manfred Semper errichtet wurde. Dieses Gebäude wurde 1945 schwer zerstört. Nach umfassender Rekonstruktion und Sanierung wurde das nunmehr Semperoper genannte Theater 1985 wiedereröffnet.

Schloß, Zwinger, Postplatz und Wilsdruffer Vorstadt 57

Hauptwache und Gemäldegalerie

Kunstverlag Alfred Hartmann, Dresden-A., Annenstr. 48 II. 229 (ungelaufen)

Auf der südwestlichen Seite wird der Theaterplatz von der Gemäldegalerie abgeschlossen, der die nach Plänen Karl Friedrich Schinkels erbaute Altstädtische Hauptwache vorgelagert ist. Die auch nach ihrem Erbauer Gottfried Semper benannte Galerie entstand 1847–1854 als Museumsbau für die Gemäldesammlungen des sächsischen Königshauses im Stil der italienischen Hochrenaissance. Mit der Sempergalerie wurde die bis dahin offene Anlage des Zwingers nach Nordosten zur Elbe hin geschlossen. Mit gut 127 Metern Länge und knapp 24 Metern Höhe ist sie das größte Gebäude des Zwingerkomplexes. Heute beherbergt die Sempergalerie die Gemäldegalerie Alte Meister.

Zwinger

Edel-Verlag, Dresden 9. Nr. 1012 (gelaufen 1926), Slg. IfL

Der Zwinger, entstanden im ersten Viertel des 18. Jahrhunderts unter der Leitung des Architekten Matthäus Daniel Pöppelmann und des Bildhauers Balthasar Permoser als Gesamtkunstwerk aus Architektur, Plastik und Malerei, gehört zu den bedeutendsten Bauwerken des europäischen Barock. Der etwa von Süd nach Nord gerichtete Blick über die Gesamtanlage des Zwingers zeigt im Vordergrund das Kronentor mit einer der beiden Langgalerien. Rechts schließt sich der Porzellanpavillon an. Dahinter ist die Innenseite der Sempergalerie mit dem zum Theaterplatz führenden Durchgang zu sehen, überragt vom Dach der Semperoper – dieser vierte Flügel des Zwingers wurde erst in der Mitte des 19. Jahrhunderts angefügt. Nach links folgen der Französische Pavillon und der Wallpavillon.

Zwinger mit Gemäldegalerie

Ohne Verlagsangaben (ungelaufen)

Von der westlichen Langgalerie blickt man über die Grünanlagen und das Denkmal für König Friedrich August I. hinüber zur 1847–1854 von Gottfried Semper errichteten Galerie für die Gemäldesammlungen des sächsischen Königshauses. Rechts davon ist der 1719 fertiggestellte Deutsche Pavillon zu sehen, in dem sich heute die Restaurierungswerkstätten der Staatlichen Kunstsammlungen Dresden befinden.

Zwinger mit Anlagen

Brück & Sohn, Meißen 17996 (gelaufen 1915), Slg. IfL

Der Blick nach Südosten, etwa vom Französischen Pavillon aus, zeigt links den Glockenspiel- und den Porzellanpavillon, dazwischen im Hintergrund die spitzen Türme der Sophienkirche. Es folgen die Langgalerien zu beiden Seiten des Kronentores, dahinter sind die beiden Türme des Telegraphen- und Fernsprechamtes am Postplatz und unmittelbar hinter dem Kronentor das »Palast-Hotel Weber« zu erkennen. Auf der rechten Seite steht der Mathematisch-Physikalische Salon.

Denkmal für Friedrich August den Gerechten im Zwinger

S & S No. 1279 (ungelaufen)

Der Wallpavillon an der westlichen Seite gilt als baulicher Höhepunkt des Zwingers; neben dem üppigen bildhauerischen Schmuck macht ihn die eigenartige Verbindung von Treppenanlage und Pavillon zu einem der bedeutendsten europäischen Bauwerke des Barock. Vor dem Wallpavillon befand sich das Denkmal für König Friedrich August I. den Gerechten (1750 bis 1827), geschaffen nach einem Entwurf von Ernst Rietschel, der von Gottfried Semper überarbeitet wurde. 1843 wurde es im Zwingerhof auf der Achse vom Stadt- zum Wallpavillon feierlich enthüllt. Seit 2008 steht es auf dem Schloßplatz vor dem Ständehaus und ersetzt das 1945 eingeschmolzene Reiterdenkmal für König Albert von Sachsen.

Mathematisch-Physikalischer Salon

Kunstverlag Alfred Hartmann, Dresden-A. 16. 1566 (gelaufen 1909)

Dem Wallpavillon folgt nach links die Bogengalerie, die zum Mathematisch-Physikalischen Salon führt. 1710–1714 als Eckpavillon errichtet, beherbergt er seit 1746 eine einzigartige Sammlung mathematischer und physikalischer Instrumente vergangener Zeiten. Ursprünglich diente der Salon im Obergeschoß als Speise-, Spiel- oder Tanzsaal, während der im Untergeschoß liegende Grottensaal mit Vexierwasserspielen und Brunnen erst 1815 mit Gewölben versehen und museal genutzt wurde.

Taschenbergpalais

Krille & Martin Dresden-A. 39 A (gelaufen 1914), Slg. Klügel

Gegenüber dem Glockenspielpavillon des Zwingers (links) und hinter dem Königlichen Schloß (Mitte) liegt das Taschenbergpalais, so benannt nach der hinter dem Schloß verlaufenden Gasse namens Taschenberg. 1705–1708 unter Einbeziehung von Vorgängerbauten errichtet, diente es der Mätresse Augusts des Starken, Anna Constanze von Hoym, seit 1707 Gräfin Cosel, als Stadtpalais. In den folgenden anderthalb Jahrhunderten wurde der Bau mehrmals erweitert. Nach der Zerstörung 1945 blieb das Palais ein halbes Jahrhundert lang Ruine, bis es 1992–1995 wieder aufgebaut und zu einem 5-Sterne-Hotel umfunktioniert wurde.

Postplatz mit Sophienkirche

Verlag von Emil Degenkolb Nachf., Dresden. 17 (gelaufen 1911)

Vom Dach des Palast-Hotels Weber geht der Blick nach Osten. Links sind die östlichen Teile des Zwingers zu sehen, dahinter das Schloß mit Hofkirche und Hausmannsturm. Unterhalb der Kuppel der Frauenkirche erkennt man das Taschenbergpalais. Links und rechts der Sophienkirche verlaufen die Kleine bzw. die Große Brüdergasse, beide benannt nach dem einst an ihrem westlichen Ausgang gelegenen Kloster der Franziskaner oder Barfüßerbrüder, das 1272 erstmalig erwähnt und 1539 aufgehoben wurde. Die Große Brüdergasse wurde nach 1945 weitgehend überbaut, die Kleine Brüdergasse erhielt 1991 ihren nach 1945 gelöschten Namen zurück und bildet heute wieder die Rückseite des rekonstruierten Taschenbergpalais.

Sophienkirche

Verlag Curt Krause, Dresden-A. 1. Ges. gesch. 1906. No. 41 (gelaufen 1910)

Durch die Parkanlagen vor dem Zwinger hindurch sieht man die spitzen Türme der Sophienkirche, die 1351 als Kirche des Franziskanerordens entstand. Seit der Reformation diente sie bis 1918 als evangelische Hofkirche Dresdens und war damit die Hauptkirche des lutherischen Königreichs Sachsen. 1945 schwer beschädigt, wäre ein Wiederaufbau der im Kern gotischen Kirche möglich gewesen. Dennoch wurde sie 1962/63 trotz zahlreicher, auch über die Grenzen der DDR hinausgehender Proteste abgetragen. An ihrer Stelle erbaute man die Großgaststätte »Am Zwinger«, im Volksmund »Freßwürfel« genannt. Nach ihrem Abriß entstand 1998/99 auf dem Gelände der ehemaligen Sophienkirche der Büroriegel »Haus am Zwinger«.

Cholerabrunnen

Dr. Trenkler Co., Leipzig. 21107 (ungelaufen)

Seit 1927 steht der sogenannte Cholerabrunnen an der Ecke von Kleiner Brüdergasse und Sophienstraße vor dem Taschenbergpalais. Sein ursprünglicher Standort war einige Meter südöstlich auf dem Postplatz, wo sich heute die »Käseglocke« befindet. Sein Stifter Freiherr Eugen von Gutschmid ließ den Brunnen 1846 nach Entwürfen von Gottfried Semper errichten zum Dank dafür, daß Dresden von der Cholera verschont geblieben war, die die Stadt 1841 und 1842 bedroht hatte.

Ostseite des Postplatzes

Dr. Trenkler Co., Leipzig. 1908. Dsd. 315 (gelaufen, undatiert)

Die Wilsdruffer Straße verband den Postplatz mit dem Altmarkt und führte seit der Anlegung der König-Johann-Straße direkt weiter zum Pirnaischen Platz. Erstmals 1396 erwähnt, war sie lange Zeit als Wilische oder Wilsdorfer Gasse bekannt, da von hier aus eine Straße westwärts in die Kleinstadt Wilsdruff führte. Am Ausgang der Wilischen Gasse stand vom 15. Jahrhundert bis 1811 das Wilsdruffer Tor an den Befestigungsanlagen. Ab 1860 entwickelte sich die Wilsdruffer Straße zu einer bedeutenden Geschäftsstraße. Auf der linken Seite ist das Handelshaus Bargou zu sehen, das durch den Verkauf von Papierwaren, Bürobedarf und Büromöbeln bekannt wurde. Am rechten Bildrand ist das Telegraphen- und Fernsprechamt am Postplatz abgebildet.

Nordostseite des Postplatzes

Hermann Poy Dresden 64101 (gelaufen 1914), Slg. IfL

Wenige Jahre nach der vorigen Ansicht entstand diese Aufnahme. Um die Wilsdruffer Straße verbreitern und somit den gewachsenen Verkehrsansprüchen anpassen zu können, wurden zu Beginn des 20. Jahrhunderts die Häuser auf der Südseite (im Bild rechts) abgerissen und durch große Waren- und Geschäftshäuser ersetzt. Am Eingang der Straße sieht man rechts den Neubau des Schneidwarengeschäfts Robert Kunde, während gegenüber Bargou & Söhne mit einer »Grossen Spielwaren-Ausstellung« und für »Schreibwaren & Contorbücher« werben. Nach den Zerstörungen des Zweiten Weltkriegs wurde die Wilsdruffer Straße auch auf der nördlichen Seite auf nunmehr 61 Meter verbreitert.

Schloß, Zwinger, Postplatz und Wilsdruffer Vorstadt 63

Postplatz

Kunstverlag Alfred Hartmann, Dresden-A., Annenstr. 48 II. 188 (ungelaufen)

Der Postplatz befindet sich an der Stelle eines der Haupttore der alten Dresdner Befestigungsanlagen. Vor dem Wilsdruffer Tor entstand der Wilsdruffer Thorplatz; westlich davon entstand außerhalb der Stadtbefestigung die Wilsdruffer Vorstadt. 1865 erhielt der Platz den Namen Postplatz, da sich unmittelbar im Westen das Hauptpostamt befand. Bald schon gehörte er zu den Verkehrsknotenpunkten der Stadt – bereits 1895 zweigten sechs Straßenbahntrassen vom Platz ab.

Stadtwaldschlößchen

B. H. D. 31467 (gelaufen 1930)

Auf dem Postplatz stand das sogenannte Stadtwaldschlößchen, ein um 1744 für den Landbauschreiber Andreas Adam errichtetes Haus, das seit 1866 von der Waldschlößchenbrauerei als Stadtausschank benutzt wurde. Ende des 19. Jahrhunderts erhielt das Gebäude einen eingeschossigen Vorbau und somit einen Gästegarten. An der Nordseite wurde außerdem ein weiteres Lokal eröffnet, das zweigeschossige »Stadtkaffee«. Auch eine Filiale des überall im Stadtgebiet Dresdens zu findenden Molkereiimperiums der Gebrüder Pfund hatte sich in dem Haus eingemietet; die oberen Etagen dienten Wohnzwecken.

Telegraphen- und Fernsprechamt

Kunstverlag Alwin Keil, Dresden-A. 1, Gerichtsstr. 23. 6613 (ungelaufen), Slg. IfL

1832 war auf dem Platz vor dem abgebrochenen Wilsdruffer Tor ein erstes Postgebäude im klassizistischen Stil errichtet worden, das im Laufe der nächsten Jahrzehnte immer wieder vergrößert werden mußte. Mit dem Neubau eines Postgebäudes an der Annenstraße begann die Verwandlung des Postamtes in ein Telegraphenamt. 1893/94 wurde das Gebäude aufgestockt, zur Zuführung der Telegrafenleitungen wurden auf der Rückseite zwei Türme von 39 Metern Höhe angebaut. Beim letzten großen Umbau erhielt das Haus 1910/12 auf den beiden Flügeln zur Wallstraße (links) und Marienstraße zwei weitere Obergeschosse, wie hier auf der Abbildung zu sehen ist.

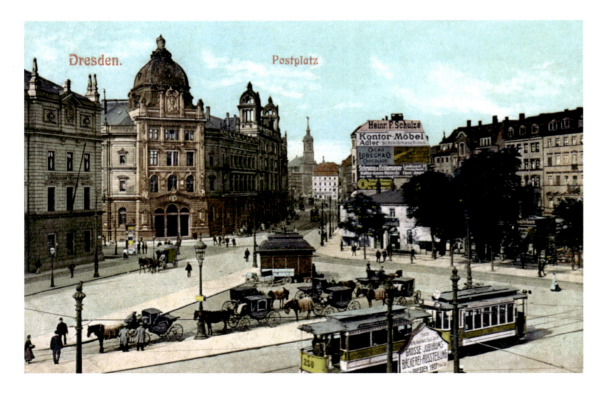

Oberpostdirektion

Hermann Poy, Dresden 1907. 6021 (gelaufen 1908)

Nach einer Drehung um knapp 90 Grad kommt an der Ecke von Marienstraße und Annenstraße das Gebäude der Oberpostdirektion (Hauptpostamt) in den Blick, das zwischen 1900 und 1906 an der Stelle der alten Posthalterei errichtet wurde. Auf der gegenüberliegenden Seite ist am Beginn der Annenstraße ein kleiner Pavillon zu sehen, in dem der Buchdrucker Maximilian Winkler Ansichtskarten von Dresden vertrieb, weshalb sich der Name Postkartenvilla eingebürgert hatte.

Postplatz und Annenstraße

Heliokolorkarte von Ottmar Zieher, München (gelaufen 1916)

1908 erwarb Robert Bernhardt das eben erwähnte Grundstück auf der rechten Seite der Annenstraße und ließ darauf für sein Modewarenhaus einen vierstöckigen Eisenbetonbau errichten. 1920 ging das Gebäude in den Besitz der Reichspost über, die darin das Postscheckamt einrichtete. Rechts ist die Einmündung der Wettiner Straße (heute Schweriner Straße) zu sehen.

Postplatz und Wettiner Straße

Dr. Trenkler Co., Leipzig. 1906. Dsd. 202 (gelaufen 1907)

Nach einem weiteren Schwenk um 90 Grad wird die Westseite des Postplatzes zwischen den Einmündungen der Annenstraße und der Ostra-Allee (jeweils außerhalb des Bildes) sichtbar. Der Blick geht in die Wettiner Straße, 1863 so benannt zu Ehren des regierenden Fürstenhauses (heute Schweriner Straße). Das kleine Haus auf der rechten Straßenseite ist das ehemalige Akzisehaus, das von der Radeberger Exportbierbrauerei zur Gaststätte »Gambrinus« umfunktioniert wurde. Im Februar 1945 brannte der »Gambrinus« aus, wurde aber nicht abgerissen, sondern vereinfacht wieder aufgebaut und als Gaststätte weiter betrieben – um schließlich mit allen Ruinen der Umgebung doch noch abgetragen zu werden und einer bis heute herrschenden Leere Platz zu machen.

»Hotel Edelweiß« in der Wettiner Straße

Ohne Verlagsangaben (gelaufen 1903), Slg. Klügel

Wenige Schritte in die Wettiner Straße hinein befand sich hinter dem »Gambrinus« an der Ecke der Großen Zwingerstraße das »Hotel Edelweiß« (Wettiner Straße 2), das über 40 Zimmer, elektrisches Licht und Zentralheizung verfügte, wie ein zeitgenössischer Reiseführer vermerkt.

Blick vom Postplatz zum Schauspielhaus

Ohne Verlagsangaben (ungelaufen)

Vom Portal der Sophienkirche, deren Schatten im Vordergrund sichtbar ist, geht der Blick am Stadtwaldschlößchen mit dem an der Nordseite befindlichen, zweigeschossigen »Stadtkaffee« (links vorn) vorbei zum »Palast-Hotel Weber« und dem rechts daneben befindlichen Schauspielhaus.

»Palast-Hotel Weber«

Orig.-Aufn. u. Verlag Rudolf Brauneis, Dresden-A. 1, Kreuzstr. 17 (ungelaufen)

Das »Palast-Hotel Weber« an der Ecke von Postplatz und Ostra-Allee gehörte zu den renommiertesten Hotels der Stadt. Erbaut 1911 nach Entwürfen der Architekten William Lossow und Max Hans Kühne (von denen u. a. auch der Leipziger Hauptbahnhof stammt), bildete es das Pendant zum zeitgleich von denselben Baumeistern konzipierten Königlichen Schauspielhaus. Es verfügte über 150 Zimmer mit 180 Betten, zum Teil mit Bad, Fahrstuhl, Zentralheizung – und schon 1912 gab es einen »Auto-Einstellraum«. 1945 brannte das Haus aus, wurde aber wieder hergerichtet und diente als Bürogebäude. 1968 wurde es gegen den Protest der Dresdner Bevölkerung abgebrochen. Das Grundstück ist bis heute unbebaut und wurde 2006/09 in die neue Freiflächengestaltung des Postplatzes einbezogen.

Schauspielhaus

Ohne Verlagsangaben (gelaufen 1930), Slg. IfL

Nach Plänen von William Lossow und Max Hans Kühne entstand 1911–1913 an der Ostra-Allee, gegenüber dem Kronentor des Zwingers, das neue Königliche Schauspielhaus. Aufgrund der Enge des Grundstücks war ein Verzicht auf eine Seiten- und eine Hinterbühne nötig. Mit der Bühnentechnik des Hauses, unter anderem großen hydraulisch betriebenen Hebewerken für die neuartige Versenk-Schiebe-Bühne, realisierte der technische Direktor Adolf Linnebach die modernste Bühnenanlage der damaligen Zeit. 1945 zerstört, konnte das Theater 1948 als »Großes Haus des Staatstheaters Dresden« wiedereröffnet werden. Während links das »Palast-Hotel Weber« zu sehen ist, erkennt man rechts vom Theater das Haus der Dresdner Kaufmannschaft, 1912–1914 durch Alexander Hohrath erbaut.

Ostra-Allee mit Gewerbehaus

Verlag Curt Krause, Dresden-A. 1. 1908. 99 (ungelaufen)

An der Ostra-Allee 13 befand sich ein Mietshaus, in dem 1843–1847 der Komponist Richard Wagner gewohnt hatte. 1870 im Stil der Neorenaissance umgebaut, trug es fortan den Namen »Gewerbehaus«, das besonders durch seinen Saal bekannt wurde, der 2000 Personen Platz bot und die erste Spielstätte der Dresdner Philharmonie war. Rechts daneben ist das Logenhaus der Loge »Zu den drei Schwertern und Asträa zur grünenden Raute« zu sehen, das 1837–1838 nach Entwürfen von Gustav Hörnig erbaut wurde. Beide Häuser wurden 1945 zerstört.

Zwingerteich mit Zwingerschlößchen

Kunstanstalt Krille & Martin, Dresden-A., A. 1822 (gelaufen 1915)

Gegenüber dem Logenhaus liegt hinter dem Zwinger der Zwingerteich. Nachdem die Befestigungsanlagen Dresdens aufgegeben und der Festungsgraben im Jahre 1812 zugeschüttet worden waren, ergaben sich neue gärtnerische Gestaltungsmöglichkeiten. Unter anderem wurden die Festungsmauern der Bastion Luna hinter dem Wallpavillon teilweise geschleift und der nierenförmige Zwingerteich westlich der Bastion angelegt, der im Winter ein beliebter Ort zum Schlittschuhlaufen war. Im Restaurant »Zwingerschlößchen« gab es ein kleines Angebot an Speisen und Getränken. Im Hintergrund erkennt man die Südseite der Semperoper mit dem Bühnenturm, den Turm der Hofkirche und den Schloßturm.

Ostra-Allee

Kunstverlag Alfred Hartmann, Dresden-A. 16. 1813 (gelaufen 1913), Slg. Klügel

Die Ostra-Allee führte aus der Altstadt zum ehemaligen Dorf und Kammergut Ostra, der heutigen Friedrichstadt. 1741–1744 wurde der alte Fahrweg verbreitert und zu einer barocken Prachtstraße umgebaut. Links erkennt man die barocke Gartenanlage mit dem ungewöhnlich klingenden Namen Der Herzogin Garten. Um 1591 ließ Kurfürst Christian I. in direkter Nachbarschaft des alten Ostra-Vorwerks einen Lustgarten für seine Gemahlin, Herzogin Sophie von Sachsen, anlegen.

Der Herzogin Garten

Dr. Trenkler Co., Leipzig. 21267 (gelaufen 1903), Slg. Klügel

Am Nordwestende von Der Herzogin Garten entstand um 1700 eine Glashütte, die eigentlich große Spiegel für den Hof anfertigen sollte. Da dies jedoch nicht gelang, beschränkte man sich auf Trinkgefäße und andere gläserne Tischwaren. Unter August dem Starken verlegte man wenige Jahrzehnte später die Orangerie aus dem Zwinger in Der Herzogin Garten, die um 1800 eine der größten Sammlungen ihrer Art überhaupt war. Bis ins 19. Jahrhundert befanden sich in Der Herzogin Garten Gewächshäuser, die der Anzucht und Pflege höfischer Zierpflanzen dienten. 1841 errichtete man ein neues Orangeriegebäude aus Sandstein im Stil der italienischen Frührenaissance. Das im Februar 1945 zerstörte Gelände – erhalten ist nur das Portal der Orangerie – verwahrloste in den folgenden Jahrzehnten.

Reithaus des Marstalls

Globus, Kötzschenbroda 1055 (gelaufen, undatiert)

Hinter dem Zwingerteich befand sich an der Stallstraße der Königliche Marstall mit seinen Anlagen. Als die alten Stallanlagen im Johanneum für die Gemäldesammlung umgebaut wurden, entstand 1745–1748 der Marstall zur Unterbringung der Pferde. 1794–1795 fügte Christian Traugott Weinlig auf der nordwestlichen Seite die 80 Meter lange und 20 Meter breite eingeschossige Reithalle im klassizistischen Stil an.

Kantine im Marstall

Globus, Kötzschenbroda 1054 (gelaufen, undatiert), Slg. Klügel

1925 gab es Pläne, den nun nicht mehr benötigten Marstall zu einem Museumskomplex für die Dresdner Naturwissenschaftlichen Museen umzubauen, was jedoch nicht realisiert wurde. Im Februar 1945 wurde der Marstall teilweise zerstört. Das nach 1950 wiederaufgebaute Gebäude wurde in die Theaterwerkstätten des Schauspielhauses eingebunden.

»Hotel und Restaurant Herzogin Garten«

Kunstverlag Alfred Hartmann, Dresden-A., Annenstr. 48 II. 2216 (ungelaufen), Slg. Stadtmuseum Dresden

Weiter stadtauswärts, an der Ostra-Allee unmittelbar nach dem Orangeriegebäude von Der Herzogin Garten, lag das stattliche Gründerzeithaus »Hotel und Restaurant Herzogin Garten«. Das 1902 eröffnete, gutbürgerliche Hotel verfügte über 100 Betten, elektrisches Licht, Aufzug und Zentralheizung. Im Gebäude befanden sich außerdem ein Restaurant und ein Saal für Hochzeiten und Vereinsfestlichkeiten. Zwei Häuser weiter ist ein breites Wohnhaus zu sehen, das abgebrochen und 1911/12 im Auftrag des Verbands Dresdner Kegelklubs durch ein neues, fünf Geschosse hohes Keglerhaus ersetzt wurde.

Ostra-Allee

Kunstanstalt Krille & Martin, Dresden-A., A. 1841 (gelaufen 1913)

Die Ansichtskarte zeigt den östlichen Abschnitt der Ostra-Allee zwischen Kleiner Packhof- und Permoserstraße. Rechts ist noch eines der letzten erhaltenen Gebäude aus der Barockzeit der Straße zu sehen, die sogenannte Alte Nudelmühle, um 1770 von Antonio Bertoldi erbaut und 1913 durch einen Neubau ersetzt. Die folgende, gründerzeitliche Bebauung entstand, als 1890 die Permoserstraße durchgebrochen und dafür das 1742–1748 errichtete Prinz-Max-Palais abgebrochen wurde. 1958–1961 wurde an dieser Stelle das »Haus der Presse« als Druckerei- und Zeitungsverlagskomplex erbaut; heute ist es Verlagssitz der »Sächsischen Zeitung«. Im Hintergrund sieht man das 1908/09 im Stil einer Moschee erbaute Gebäude der Zigarettenfabrik »Yenidze« mit ihrer charakteristischen Kuppel.

Maxstraße und Ostra-Allee

Kunstverlag Alfred Hartmann, Dresden-A. 16. 1712 (ungelaufen)

Den ursprünglichen Verlauf der Ostra-Allee zur Weißeritzbrücke kennzeichnete ein Abknicken nach Westen (im Bild links) in Höhe der Permoserstraße. Die geradlinige Fortsetzung in Richtung Nordwesten entstand erst mit dem Bau der Marienbrücke und erhielt 1862 den Namen Brückenstraße. 1877 änderte man dies, seit diesem Zeitpunkt verläuft die Ostra-Allee geradlinig bis zur Könneritzstraße, während der abknickende Straßenzug Maxstraße genannt wurde. Anstelle der 1945 komplett zerstörten Häuser wurde 1991–1996 an der Ecke von Ostra-Allee 33 und Maxstraße 2–8 der Gebäudekomplex des Art'otel und das Art'form erbaut. Im Hintergrund sind die Gleisanlagen zwischen Marienbrücke und dem Bahnhof Wettiner Straße (heute Bahnhof Mitte) zu erkennen.

Bahnhof Wettiner Straße

Kunstanstalt Krille & Martin, Dresden-A., A. 1753 (ungelaufen)

Von 1891 bis 1893 wurde die Weißeritz nach Dresden-Cotta umgeleitet und das ehemalige Flußbett für den Bau einer Verbindungsbahn zwischen den Dresdner Fernbahnhöfen Neustadt und Hauptbahnhof genutzt. Zwischen beiden wurde bis 1897 an der Könneritzstraße die »Haltestelle Wettiner Straße« (heute Bahnhof Dresden Mitte) eingerichtet. Nach dem Vorbild vieler Berliner S-Bahnhöfe erhielt der Bahnhof eine 100 Meter lange und 36 Meter breite Bahnsteighalle, die alle sechs Gleise überspannte. Die Gleise 1 und 4 waren dem Vorortverkehr und die Gleise 2 und 3 dem durchfahrenden Fernverkehr vorbehalten. Die Gleise 5 und 6 schließlich dienten dem Güterverkehr. Große Rundbogenfenster zierten die Längsseiten der Bahnsteighalle.

Gaswerk Altstadt am Wettiner Platz

Kunstverlag Carl Döge, Dresden N 12, Helgolandstr. 19. 822 (gelaufen 1918), Slg. Klügel

Am westlichen Ende der Wettiner Straße (heute Schweriner Straße) befand sich ein Komplex von Kraftwerken. Den Beginn machte das »Gaswerk Altstadt« (dessen Gasometer links zu sehen ist), 1895 folgte ein sogenanntes elektrisches »Lichtwerk«, und 1900 wurde das »Westkraftwerk« angebaut, das ein spiegelbildliches Pendant des »Lichtwerks« war. 1927/1928 zum »Heizkraftwerk Mitte« erweitert, bildete es bis zur Stillegung 1994 die größte Dreckschleuder der Dresdner Innenstadt. Jenseits der zum Hauptbahnhof führenden Gleisanlagen ist – bereits auf Friedrichstädter Gelände – die Hauptmarkthalle zu sehen, errichtet 1893–1895.

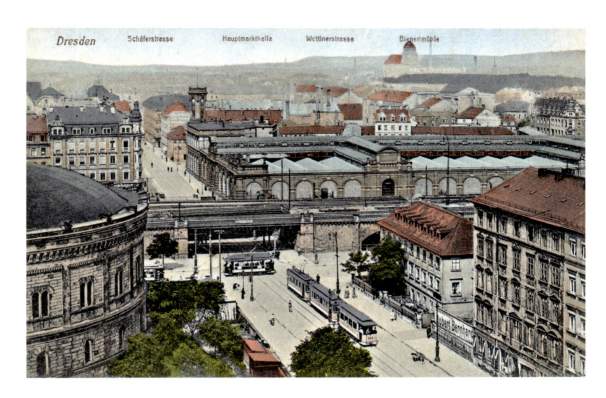

Ortskrankenkasse am Sternplatz

Kunstverlag Carl Döge, Dresden-N. 12, Helgolandstr. 19. 621 (ungelaufen)

1912/13 entstand am Sternplatz der Neubau der Allgemeinen Ortskrankenkasse, entworfen von den Dresdner Architekten Rudolf Schilling und Julius Graebner. Das Gebäude gilt als Beispiel für den Monumentalstil innerhalb der Reformarchitektur der Jahre vor dem Ersten Weltkrieg. Das 2001 sanierte AOK-Gebäude ist heute das einzige historische Bauwerk der Gegend um den Sternplatz, die ansonsten von modernen Wohnbauten der 1960er Jahre geprägt ist.

DRESDEN-A.   Falkenbrücke
Dr. Trenkler Co., Leipzig. 1904. 24 711

Falkenbrücke

Dr. Trenkler Co., Leipzig. 1904. 24711 (gelaufen 1904), Slg. IfL

Die Falkenbrücke (hier der Blick vom Stadtzentrum nach Süden) führte von der Falkenstraße in der Wilsdruffer Vorstadt über die westlichen Eisenbahngleise des Hauptbahnhofs zur Chemnitzer Straße. Sie wurde auch von der Straßenbahn für die Verbindung nach Dresden-Plauen genutzt. Im Zuge des Neubaus der Budapester Straße in den 1960er Jahren wurde die Brücke abgerissen. Am nördlichen Ende der Zwickauer Straße sind noch bescheidene Reste der Brücke zu erkennen.

DRESDEN   Bahnstrecke v. d. Hauptbahnhof
Dr. Trenkler Co., Leipzig. Dsd. 38.

Bahnanlagen vor dem Hauptbahnhof

Dr. Trenkler Co., Leipzig. Dsd. 38 (gelaufen 1907), Slg. Klügel

Von der Überführung der Chemnitzer Straße geht der Blick über die Gleisanlagen im westlichen Vorfeld des Hauptbahnhofs. Zu erkennen ist die Hohe Brücke, die von der Bismarckstraße (heute Bayrische Straße) zur Kohlschütter Straße und weiter zum Plauenschen Platz führte. Auch diese Brücke war für den Straßenbahnverkehr ausgelegt, hier fuhr die Linie 6 nach Räcknitz. Im Zuge der Elektrifizierung der Bahngleise wurde die Brücke abgebrochen, da die Durchfahrtshöhe für die Fahrleitungen nicht ausreichte. Das Gelände wurde im Volksmund auch »Zugspitze« genannt, da von der Brücke ein guter Blick auf die abfahrenden Lokomotiven bestand.

Taubstummen-Anstalten

Ohne Verlagsangaben (ungelaufen), Slg. Klügel

An der Chemnitzer Straße befand sich seit 1837 die Königliche Landesblindenanstalt, die 1906 nach Chemnitz verlegt wurde. In unmittelbarer Nachbarschaft hatte der Lehrer Johann Friedrich Jencke 1838 eine Gehörlosenschule eingerichtet. Nach Erweiterung des Gebäudekomplexes 1879 bezeichnete man die Einrichtung als Taubstummenanstalt. Mit Verlegung der Blindenanstalt konnten auch deren Gebäude an der Chemnitzer Straße 4 genutzt werden, was 1910 die Erweiterung der Anstalt um eine Schwerhörigenschule ermöglichte. 1945 wurde der Komplex zerstört.

Vereinigte II. / VII. Bürgerschule an der Ammonstraße

Verlag J. Morlock, Dresden (ungelaufen), Slg. Klügel

Nur wenige Schritte von der Taubstummenanstalt entfernt lag an der Ammonstraße die Vereinigte II. und VII. Bürgerschule. Die Straße wurde 1855 nach dem Oberhofprediger und Konsistorialrat Christoph Friedrich Ammon (1766–1850) benannt, der in dieser Gegend ein Gartengrundstück nebst Sommerhaus besaß.

Jakobikirche am Wettiner Platz

Orig.-A. Hugo Engler, Dresden 02–587. Ges. gesch. (gelaufen 1904)

Im Zuge des Ausbaus der Wilsdruffer Vorstadt entstand 1898 bis 1901 am Wettiner Platz nach Plänen des Berliner Architekten Jürgen Kröger die Jakobikirche. Stilistisch folgte sie den Vorbildern der rheinischen Hochromanik. Der Sakralbau wurde als dreischiffige Basilika mit kurzem Querhaus errichtet. Dominierend war der kräftige, achteckige Mittelturm mit Rhombendach. Die Ruine, die noch in sehr gutem Zustand war, wurde 1953 gesprengt. Im Sommer 2011 wurde das »Wettiner Dreieck« umgestaltet. Die bis dahin recht unansehnliche Wiese soll nun an den früheren Kirchenstandort erinnern: Der ehemalige Grundriß wurde nachmodelliert, die Anordnung der Bänke ist einer Kirchenbestuhlung nachempfunden. Als Prunkstück der Anlage wurden die beiden erhaltenen Bronzebeschläge des Hauptportals der ehemaligen Kirchen-Prunktür hinter Glas in eine Wand eingelassen.

Annenkirche

Orig.-A. Alfred Hartmann. Kunstverlag Alfred Hartmann, Dresden-A. 16. 1367 (ungelaufen), Slg. IfL

Nach der Zerstörung der ersten Annenkirche im Siebenjährigen Krieg entstand nach Plänen des Ratszimmermeisters Johann George Schmidt bis 1769 ein Neubau der Kirche; der Turm geht auf einen Entwurf von Gottlob Friedrich Thormeyer aus dem Jahr 1823 zurück. Den Zweiten Weltkrieg überstand die Annenkirche im Unterschied zu vielen anderen Dresdner Kirchen relativ gut. Zwar brannte im Februar 1945 der Dachstuhl, dennoch überlebten in der Kirche etwa 1000 Menschen, die dort Zuflucht gesucht hatten. Nach dem Krieg wurde die Annenkirche wiederhergestellt, die Turmhaube konnte allerdings erst nach einer Generalsanierung 1997 wieder aufgesetzt werden.

Blick von der Annenkirche

Fr. Knauthe, Dresden (gelaufen 1911), Slg. Klügel

Vom Turm der Annenkirche geht der Blick nach Nordosten zum Postplatz. Oberhalb der geschwungenen Annenstraße sind dicht beieinander die Türme von Hofkirche, Schloß und Sophienkirche zu sehen. Rechts erkennt man vor der Kuppel der Frauenkirche die 1910 errichteten Turmaufbauten des Telegraphen- und Fernsprechamtes. Von der Bebauung der Annenstraße ist nach den Zerstörungen des Zweiten Weltkriegs nichts mehr erhalten.

Annenstraße

Carl Döge, Dresden 12. 363 (gelaufen 1912), Slg. Klügel

Von der Höhe der nach links abzweigenden Flemmingstraße blickt der Betrachter durch die Annenstraße zum Postplatz mit den Türmen der Sophienkirche und dem davor befindlichen Stadtwaldschlößchen. Das »Hotel Annenhof« in der Annenstraße 23/25 gehörte mit 38 Zimmern und 60 Betten zu den vielen kleineren Hotels im Stadtzentrum, immerhin verfügte es bereits um 1910 über elektrisches Licht und eine Zentralheizung.

Fischhofgasse

Photochromie 1218. Original-Aufnahme und Photochromie: Nenke & Ostermaier, Dresden. Allein-Vertrieb: Emil Degenkolb, Blasewitz (ungelaufen), Slg. IfL

Westlich der Annenstraße befand sich um 1900 noch ein Überrest der ursprünglichen dörflichen Bebauung. Hier hatte sich seit dem Mittelalter Fischersdorf befunden, aus dem der Fischhofplatz hervorging, nachweisbar seit etwa 1480 und damit einer der ältesten Plätze Dresdens. Das extrem dicht bebaute Quartier war den Stadtplanern ein Dorn im Auge. Die noch vorhandene unregelmäßige mittelalterliche Parzellenstruktur paßte nicht zur Stilisierung Dresdens als »Barockstadt«, zudem gab es in der Fischhofgasse ein frequentiertes Rotlichtviertel. Alle Umbaupläne wurden jedoch durch die Zerstörungen des Weltkriegs zunichte gemacht.

Große Zwingerstraße

Kunstverlag Alfred Hartmann, Dresden-A., Annenstr. 48 II. 2298 (ungelaufen), Slg. Klügel

Von der Annenstraße zweigte die Große Zwingerstraße ab, die auf den Zwinger zulief. Hier befand sich im Haus Nr. 18 das »Grand Hotel Reichspost«, gegenüber dem Hauptpost- und Telegraphenamt gelegen. Erbaut 1910–1911, verfügte es über »90 Fremdenzimmer mit modernstem Komfort von 2,50 Mark an«. Es warb für sich mit den Worten: »Nur Frontzimmer mit kaltem und warmem Wasser. Behagliches Restaurant mit Musterküche, Schreib- und Lesezimmer. Große elegante Empfangsräume und Gesellschaftssäle«. Auf der anderen Seite der einbiegenden Kleinen Zwingerstraße ist die Dresdner Filiale des bedeutenden Leipziger Verlags- und Druckereihauses B. G. Teubner zu sehen.

Annenstraße

*Alfred Hartmann [Rest unlesbar]
(ungelaufen), Slg. Klügel*

In der entgegengesetzten Richtung blickt man vom Postplatz in die Annenstraße hinein. Rechts ist die Engel-Apotheke von Gustav Adolph Mendel (Annenstraße 33) zu sehen. Im vorstehenden Haus Annenstraße 26, dessen Fassade u. a. für das »Salonblatt« und den »Detektiv Maucksch« Werbung macht, befand sich 1919–1945 auch der Sitz des 1912 gegründeten Dresdner Ansichtskartenverlags A. & R. Adam, der noch heute existiert.

Oberpostdirektion und Stadthaus

*Verlag M. & R. Zocher, Dresden-A.
(gelaufen 1910), Slg. Klügel*

Die Straße mit dem ungewöhnlichen Namen Am See war nach dem im Mittelalter hier befindlichen Neuen See benannt. Zwar war 1885 beschlossen worden, sie in Poststraße umzubenennen, um die regelmäßigen Verwechslungen mit der Seestraße zu vermeiden, doch auf Wunsch des Königs blieb es bei der alten Bezeichnung. Auf der linken Seite erkennt man den rechten Flügel der Oberpostdirektion. Die gegenüberliegende Straßenseite am Beginn der Annenstraße wird vom sogenannten Stadthaus dominiert, in dem sich die 1877 erbaute Altstädter Hauptfeuerwache befand (Annenstraße 9). Hier gab es die notwendigen Räumlichkeiten zur Unterbringung der Mannschaften und Pferde, der Geräte und einer Telegrafenzentrale.

3. RINGSTRASSE, SEEVORSTADT, HAUPTBAHNHOF

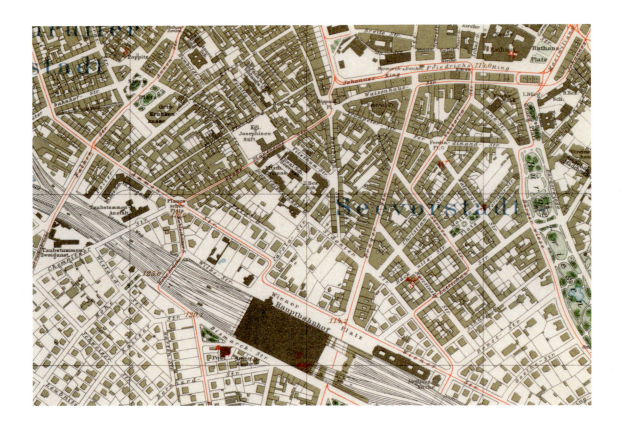

Dippoldiswalder Platz

Kunstverlag Carl Döge, Dresden-N. Helgolandstr. 19. 487 (gelaufen 1926), Slg. Klügel

Vor der im Südwesten der Altstadt gelegenen Bastion Merkur befand sich ein kleiner Platz, der Ende des 18. Jahrhunderts »Am Festungsgraben«, später »Am Trompeterschlößchen« hieß, bis er 1830 in Dippoldiswalder Platz umbenannt wurde. Im Laufe des 19. Jahrhunderts bebaut, wurde er zum Kreuzungspunkt von insgesamt sieben Straßen, die vom Platz bzw. dessen unmittelbarem Umfeld abzweigten (Johannesring, Marien-, Waisenhaus-, Trompeter-, Reitbahn- und Große Plauensche Straße sowie Am See, letztere im Bild links beginnend). 1945 vollständig zerstört, wurde die Platzbezeichnung aufgehoben. Erst seit 1991 trägt der Platz wieder seinen Namen.

Dippoldiswalder Platz

Kunstanstalt Krille & Martin, Dresden-A. A 1850 (ungelaufen)

Am Dippoldiswalder Platz befand sich eine ganze Reihe bekannter Gaststätten und Hotels, so das Hotel und Restaurant »Trompeterschlößchen« und das Hotel »Curländer Haus«. Der Blick geht rechts zum Johannesring. Von der einstigen dichten Bebauung ist nichts mehr vorhanden, heute beginnt hier der breite Straßenzug der Budapester Straße.

Central-Theater an der Waisenhausstraße

Kunstverlag Alfred Hartmann, Dresden-A. 16. 489 (gelaufen 1925), Slg. Klügel

Vom Dippoldiswalder Platz geht der Blick in Richtung Osten durch die Waisenhausstraße, benannt nach dem 1764 errichteten und 1903 abgebrochenen Stadtwaisenhaus auf dem Gelände des heutigen Georgplatzes. Sie geht zurück auf den Weg entlang des Festungsgrabens, der sich vom heutigen Dippoldiswalder Platz nach Osten und Norden bis zur Elbe hinzog. Eines der bekanntesten Gebäude war das 1900 nach Entwürfen von William Lossow und Hermann Viehweger in neobarocken Formen errichtete Central-Theater, in dem Operetten und Revuen aufgeführt wurden. Alle Häuser der Waisenhausstraße wurden 1945 zerstört, lediglich ein Bankgebäude auf der Nordseite (im Bild links) überlebte den Krieg und wurde inzwischen aufwendig saniert.

Blick in die Seestraße

Wilhelm Hoffman A.-G. Dresden 403 (gelaufen 1902)

Vom Johannesring geht der Blick nach Norden in die Seestraße, die ihren Namen nach dem ehemals vor den Stadtmauern gelegenen Alten See trägt. Angesichts der dichten Bebauung ahnt man kaum, daß die Seestraße auf den großen Altmarkt führte, nur eine nach links fahrende Straßenbahn (nur mit der Lupe zu erkennen) deutet den Beginn der Wilsdruffer Straße an. Im Hintergrund ist der Turm der Katholischen Hofkirche zu sehen. Auch dieser Straßenname wurde in den 1950er Jahren aufgehoben, die Neubauten auf der linken Straßenseite wurden dem Altmarkt zugeordnet. Erst mit dem Wiederaufbau der rechten Straßenseite nach 1990 erhielt sie den Charakter einer Straße und ihren Namen zurück.

Seestraße

Carl Döge, Dresden 12. 364 (gelaufen 1910)

Von der Kreuzung von Prager Straße und Waisenhausstraße aus blickt man über die Ringstraße in die Seestraße hinein. Rechts ist das Viktoriahaus angeschnitten. Rechts davor ist der Pferde-Omnibus zu sehen, der sogenannte »Fünf-Pfennig-Omnibus«, der von 1899 bis 1913 vom Hauptbahnhof durch die Seestraße zum Altmarkt und weiter durch die Schloßstraße und durch das Georgentor zum Schloßplatz fuhr, weil die sehr schmalen Straßen die Anlage einer elektrischen Straßenbahn nicht zuließen.

Bismarck-Denkmal

K. & B. D. 2150 (gelaufen 1907), Slg. IfL

Zur Erinnerung an Otto von Bismarck (1815–1898) wurde 1903 das von Robert Diez entworfene Denkmal des Reichskanzlers auf einer Freifläche des Johannesrings, nahe der Ecke Seestraße bzw. Prager Straße, errichtet. Das Denkmal hatte eine Gesamthöhe von etwa 3,50 Meter. Die überlebensgroße Bronzestatue war in der Mitte eines Granitsockels aufgestellt, der von allen Seiten betreten werden konnte. An zwei Ecken stand jeweils eine allegorische Greifenfigur aus Bronze, rechts den Kampf, links (mit Putto) Sieg und Frieden symbolisierend. 1947 wurde die Plastik eingeschmolzen. Links ist das Haus Zum Guttenberg zu sehen mit dem 1875 von Hermann König gegründeten »Café König«, in der Kaiserzeit eines der beliebtesten Kaffeehäuser der Stadt. Dahinter erkennt man das Gebäude der Dresdner Filiale der Deutschen Bank (Friedrichsring 10).

Viktoriahaus

Kunstanstalt Krille & Martin, Dresden-A. A.1811 (gelaufen 1909)

An der Kreuzung von Friedrichsring (der Verlängerung des Johannesrings) und Prager Straße stand das 1891/92 im Auftrag von Heinrich Mau im Stil der Neorenaissance errichtete Viktoriahaus. Bei seiner Gestaltung orientierten sich die Architekten William Lossow und Hermann Viehweger am Gewandhaus in Braunschweig. Die Fassaden waren prachtvoll verziert und bestanden aus mehreren Giebeln und Erkern. An der Hauptfront befand sich eine Merkur-Plastik; der Giebel zur Prager Straße wurde von einer vier Meter hohen Viktoria-Statue gekrönt. 1945 wurde das Haus schwer zerstört und anschließend abgerissen.

Johannes- und Friedrichsring

Hermann Poy, Dresden. 6138 (gelaufen 1914), Slg. IfL

Vom Gebäude der Deutschen Bank hatte man einen wunderbaren Blick über den Johannes- und Friedrichsring bis zum Neuen Rathaus. In der Straßenmitte befindet sich das Bismarck-Denkmal. Links davon ist vor Beginn der Seestraße ein großer klassizistischer Bau aus dem 18. Jahrhundert zu sehen, das sogenannte Ministerhotel, in dessen 1906 erneuerten Räumen im ersten Obergeschoß die Repräsentationsfestlichkeiten der sächsischen Staatsminister stattfanden. Über der Einmündung der Seestraße ist im Hintergrund der Turm der Kreuzkirche zu sehen. Oberhalb der Grünanlage erkennt man den roten Klinkerbau der Reformierten Kirche, rechts daneben das Gebäude der Landständischen Bank und schließlich den Seitenflügel des Neuen Rathauses.

Reformierte Kirche

Wilhelm Hoffmann A.-G. Dresden. B 383 (ungelaufen), Slg. Klügel

Eingewanderte französische Glaubensflüchtlinge (Hugenotten) bildeten 1669 die Evangelisch-reformierte Kirche in Dresden. Erst 100 Jahre später entstand in der Kreuzgasse ein eigener Kirchenbau. Wegen des Neubaus des Dresdner Rathauses wurde er 1894 abgebrochen. Die Gemeinde erhielt im Tausch ein Grundstück am Friedrichsring am aufgeschütteten ehemaligen Festungsgraben. Der nach Plänen des Architekten Harald Julius von Bosse errichtete Neubau, ein kompakter Klinkerbau im Stil der Neoromanik mit mehreren Sandsteinstufenportalen und rundbogigen Fenstern, konnte 1894 eingeweiht werden. Pläne zum Wiederaufbau der 1945 ausgebrannten Kirche wurden abgelehnt, die Ruine wurde 1963 abgetragen.

Landständische Bank

Kunstverlag Alfred Hartmann, Dresden-A. 16. 1679 (gelaufen 1917)

Im Zuge der Errichtung des Neuen Rathauses wurden auch die Bauten des ehemaligen Güntzplatzes abgerissen, der Platz selbst wurde um 1900 mit dem von William Lossow und Hermann Viehweger entworfenen Gebäude der Dresdner Filiale der Landständischen Bank des Königl. Sächs. Markgraftums Oberlausitz überbaut. Die Bank wurde 1844 aus Mitteln der Landstände gegründet und 1845 eröffnet. Ihr Hauptzweck war die Förderung des land- und forstwirtschaftlichen Grundbesitzes durch Gewährung von Grundkrediten. 1945 mußte sie ihre Tätigkeit einstellen und wurde in die Sächsische Landesbank integriert. Der Name der Schulgasse auf der rechten Seite erinnert daran, daß die Gasse an dem 1557 erbauten ersten Gebäude der Kreuzschule vorbeiführte, das 1891 abgebrochen wurde.

Neues Rathaus

Kunstverlag Alfred Hartmann, Dresden-A., Annenstr. 48. 117 (gelaufen 1912)

Im letzten Drittel des 19. Jahrhunderts entwickelte sich Dresden zu einer modernen Großstadt. Für ihre Verwaltung war das Rathaus am Altmarkt viel zu klein, daher wurde 1901 ein Wettbewerb für einen Neubau ausgeschrieben. Von 1905 bis 1910 entstand nach den Plänen des Darmstädter Architekten Karl Roth das Neue Rathaus am östlichen Ende des Friedrichsrings. Ihm fielen u. a. das klassizistische Preußsche Haus von 1825, das Palais Loß von 1765 und die alte Kreuzschule an der Schulgasse zum Opfer. Die feierliche Einweihung fand am 1. Oktober 1910 statt. Mit dem gut 100 Meter hohen Rathausturm und dem darauf montierten Goldenen Rathausmann erhielt Dresden ein weiteres Wahrzeichen.

Neues Rathaus aus der Vogelperspektive

Verlag v. Paul Heise, Dresden-N. 15. No. 3167 (ungelaufen)

Die Schrägluftaufnahme macht die gewaltigen Dimensionen des Neuen Rathauses sichtbar. Das Gebäude ist ein unregelmäßiger vier- und fünfgeschossiger Komplex. Es besitzt sechs Innenhöfe und einen begehbaren Turm. Die bebaute Fläche beträgt 9225 Quadratmeter. Bei den Bombenangriffen im Februar 1945 wurde das Gebäude schwer zerstört. 1948–1952 wurde es unter der Leitung von Emil Leibold in vereinfachter Form wieder aufgebaut, 1962–1965 folgte der Neuaufbau des Festsaalflügels.

Blick vom Turm des Neuen Rathauses nach Nordwesten

Kunstverlag Alfred Hartmann, Dresden-A., Annenstr. 48 II. 221 (gelaufen, undatiert), Slg. IfL

Von der Aussichtsplattform auf dem Turm des Neuen Rathauses bot (und bietet) sich ein großartiger Blick über Dresden. In nordwestlicher Richtung erkennt man links den Turm des Fernheizwerkes, den Schloßturm und den der Katholischen Hofkirche, davor das dicht bebaute Areal zwischen König-Johann-Straße und Neumarkt.

Blick vom Turm des Neuen Rathauses nach Nordosten

Orig.-Aufn. v. R. Brauneis, Dresden. Kunstverlag Rudolf Brauneis, Dresden-A. 19, Schandauer Str. 1a (gelaufen 1912)

Die Karte schließt fast genau an die vorhergehende an. Der Blick nach Nordnordost reicht von der Kuppel der Frauenkirche bis zur Albertbrücke (rechts). Auf der Neustädter Seite sind die Gebäude der Ministerien an der Elbe zu erkennen. Im Mittelgrund rechts sieht man das Landhaus an der König-Johann-Straße, errichtet 1770–1776 von Friedrich August Krubsacius als Tagungsort der sächsischen Landstände. Im Gegensatz zu nahezu allen anderen Gebäuden in seiner Umgebung wurde das 1945 zerstörte Landhaus bis 1965 wieder aufgebaut, heute beherbergt es das Stadtmuseum und die Städtische Galerie Dresden.

Georgplatz

Ohne Verlagsangaben (ungelaufen)

Südlich des Neuen Rathauses erstreckte sich im Mittelalter der Judenteich (Jüdenteich), an dessen Rand 1764 das Waisenhaus und 1777/80 die Waisenhauskirche errichtet wurden. Auf der Fläche des 1849 zugeschütteten Teiches entstand der Dohnaische Platz, der seit 1871 zu Ehren des Prinzen und späteren Königs Georg (1832–1904) in Georgplatz umbenannt wurde. Die Bauten am Platz wurden bei den Luftangriffen 1945 schwer zerstört und bis Anfang der 1950er Jahre abgerissen. Heute liegt der Georgplatz im Bereich der 1965 ausgebauten Nord-Süd-Magistrale der St. Petersburger Straße. Der Blick von der Ecke der Ferdinandstraße (links) geht zur Waisenhausstraße im Hintergrund und dem darüber sichtbaren Turm des Neuen Rathauses. Rechts sieht man die Kreuzschule, dahinter die Erste Bürgerschule.

Nordseite des Georgplatzes

Kunstverlag Alfred Hartmann, Dresden-A. Annenstr. 48 II. 1412 (ungelaufen)

Die Nordseite des Georgplatzes wurde durch die Wohn- und Geschäftshäuser entlang der Waisenhausstraße gebildet. Im Hintergrund sind der Turm des Neuen Rathauses und, links daneben, die Türme der Kreuzkirche und der Reformierten Kirche zu sehen. 1945 fielen alle Gebäude am Georgplatz den Bomben zum Opfer. Heute bildet der Platz eine große Freifläche.

1. Bürgerschule und 9. Bezirksschule am Georgplatz

Dresdner Karten-Vertriebsanstalt R. J. Leonhardt, Dresden-A. 19 (gelaufen 1913)

An der südwestlichen Ecke von Georgplatz (im Bild rechts) und Johannesstraße (Bildmitte, ganz links ist der Beginn des Maximiliansrings zu erkennen) befand sich das Doppelgebäude der 1. Bürgerschule und der 9. Bezirksschule, das Hans Erlwein 1903–1906 nach dem Abriß von Waisenhaus und Waisenhauskirche erbaute.

Kreuzgymnasium am Georgplatz

Kunstverlag Alfred Hartmann, Dresden-A. 16. 1549 (gelaufen 1910)

Das bekannteste Gebäude am Georgplatz war die 1864/65 von Christian Friedrich Arnold erbaute (neue) Kreuzschule, der erste bedeutende neogotische Profanbau in Dresden. Hier hatten sowohl das Gymnasium als auch das Alumnat des Kreuzchores ihren Sitz. Das Schmuckstück bildete die Schaufassade eines Flügels am Georgplatz. Die Strebepfeiler zwischen den Fensterachsen waren mit Statuen geschmückt, u. a. mit Figuren von Martin Luther und Philipp Melanchthon sowie der Allegorien der Grammatik, der Mathematik, der Geschichte und der Poesie. 1950 wurde das im Krieg ausgebrannte Gebäude abgerissen, erhalten blieb nur das 1871 aufgestellte Denkmal des Dichters und ehemaligen Kreuzschülers Theodor Körner von Ernst Julius Hähnel.

Bürgerwiese, Ecke Georgplatz

Original-A. Alfred Hartmann. Kunstverlag Alfred Hartmann, Dresden-A. 16. 1327 (ungelaufen), Slg. Klügel

Vom Georgplatz (links) blickt man rechts in die Bankstraße, die ihren Namen 1876 nach dem dort befindlichen Gebäude der Deutschen Reichsbank (außerhalb des Bildes) trug. Geradezu erkennt man die Ferdinandstraße, benannt nach dem Gemahl der sächsischen Prinzessin Anna Maria, Erbgroßherzog Ferdinand von Toscana. Heute verläuft quer über die ehemalige Straße die Magistrale der St. Petersburger Straße.

Ferdinandplatz

Kunstanstalt Krille & Martin, Dresden-A. A.1764 (gelaufen 1913)

Zu den heute verlorenen Plätzen der Dresdner Innenstadt gehört auch der Ferdinandplatz, der seinen Namen 1861 nach der auf ihn zulaufenden Ferdinandstraße erhielt. Im Bild erkennt man die nach links oben abzweigende Trompeterstraße, die zum Dippoldiswalder Platz führte, sowie von links unten nach rechts oben verlaufend die Viktoriastraße, die von der Struvestraße zum Friedrichsring führte. In der Platzmitte ist der berühmte Gänsediebbrunnen zu sehen, der 1880 auf dem Ferdinandplatz eingeweiht wurde. Die Bronzefigur von Robert Diez, ein Dudelsack spielender Jüngling, erinnert an eine Geschichte aus dem 16. Jahrhundert, als der Student Thomas Blatter versuchte, sein Einkommen durch gestohlenes Federvieh aufzubessern. Seit 1961 steht der Brunnen in der Weißen Gasse.

Viktoriastraße mit Gänsediebbrunnen

Schlesische Lichtdruck- u. graph. Kunstanstalt Breslau II. (Tivoli) (gelaufen 1914)

Vom Ferdinandplatz geht der Blick durch die Viktoriastraße nach Nordosten, im Hintergrund ist der Turm des Neuen Rathauses zu sehen. Rechts hinter dem Gänsediebbrunnen erkennt man die Einmündung der Ferdinandstraße.

Bürgerwiese

Original-A. Alfred Hartmann. Kunstverlag Alfred Hartmann, Dresden-A. 16. 1328 (gelaufen 1910), Slg. Klügel

Südlich des Georgplatzes (im Rücken des Betrachters gelegen) und der Ferdinandstraße erstreckt sich die Bürgerwiese, womit einerseits die Grünanlage, andererseits der sie westlich (im Bild rechts) und östlich einfassende Straßenzug bezeichnet wurde. Die Grünfläche liegt im Seegraben, der Rinne des alten Elblaufes von Seidnitz zur Altstadt, vom Kaitzbach durchflossen. In der Mitte des 19. Jahrhunderts wurde die bis dahin eher ländlich-vorstädtische Bebauung durch repräsentative Wohnbauten ersetzt, zudem nahmen hier Regierungsmitglieder und prominente Mitglieder des Adels ihren Wohnsitz. Gut erkennbar ist die Bebauung der Straße in den Formen der Neorenaissance, der »Dresdner Schule« Gottfried Sempers und seines Nachfolgers Georg Hermann Nicolai.

Mozartbrunnen

Kunstverlag Alfred Hartmann, Dresden-A. Annenstr. 48 II. 1694 (gelaufen 1919)

In der Mitte des 19. Jahrhunderts wurde die Bürgerwiese zur öffentlichen Parkanlage umgestaltet, zunächst nach Plänen des Pillnitzer Hofgärtners Carl Adolf Terscheck (bis 1850), dann erweitert bis zum Großen Garten nach Entwürfen von Peter Joseph Lenné (bis 1869). Mehrere Großplastiken folgten im Laufe der nächsten Jahrzehnte, darunter der 1907 von dem Berliner Bildhauer Hermann Hosaeus geschaffene Mozartbrunnen mit den vergoldeten Bronzefiguren der drei Grazien Anmut, Heiterkeit und Ernst, die um einen Mozart-Gedenkstein tanzen. Der Brunnen wurde 1945 teilzerstört und entfernt, 1991 schuf Gerhard Wolf eine Rekonstruktion des Denkmals.

Villa in der Gellertstraße

Ohne Verlagsangaben (gelaufen 1908), Slg. Klügel

Am östlichen und südlichen Teil der Bürgerwiese entstanden seit der Mitte des 19. Jahrhunderts zahlreiche bedeutende Villen und Palais, darunter das Palais Kaskel-Oppenheim (Bürgerwiese 5–7, erbaut von Gottfried Semper) und das Palais Kap-Herr (an der Ecke von Park- und Gellertstraße). Die Karte zeigt eine der kleineren Villen in der Gellertstraße 5, erbaut im Stil der italienischen Renaissance.

Anglikanische Kirche

Dr. Trenkler Co., Leipzig. 18805 (gelaufen 1902), Slg. IfL

In der Seevorstadt zwischen Bürgerwiese und Wiener Straße befand sich seit dem letzten Drittel des 19. Jahrhunderts das vornehmste Villenviertel Dresdens. Auch viele reiche Ausländer bauten, kauften oder mieteten in dieser Gegend, die wohl deshalb bis zu ihrer fast vollständigen Zerstörung als »Englisches Viertel« in den Reiseführern verzeichnet und zum Spazierengehen empfohlen wurde. Seit 1841 gab es in Dresden eine anglikanische Kirchgemeinde. Für sie entstand 1868/69 nach Plänen von August Pieper und James Piers St. Aubyn an der Ecke von Wiener Platz (im Bild nach rechts verlaufend) und Beuststraße (vorn) die Anglikanische Kirche (All Saints Church) im Stil der Neogotik. 1952 wurde die im Krieg zerstörte Kirche abgerissen und später überbaut.

Wiener Platz

Ohne Verlagsangaben, 1675 (ungelaufen), Slg. Klügel

Vor dem Hauptbahnhof (rechts außerhalb des Bildes) erstreckt sich der ausgedehnte Wiener Platz, der erst 1903 seinen Namen erhielt. An seiner östlichen Seite stand das Gebäude der Generaldirektion der Königlich Sächsischen Staatseisenbahnen, das noch zur Wiener Straße zählte. Im Krieg zerstört, wurde die Ruine 1962 trotz Protesten der Dresdner Bevölkerung gesprengt.

Landwirtschaftliche Feuerversicherungs-Genossenschaft

Ohne Verlagsangaben (gelaufen 1922)

Prominentestes Gebäude am Wiener Platz war das Haus der Landwirtschaftlichen Feuerversicherungs-Genossenschaft Dresden (Wiener Platz 1) an der Ecke der Prager Straße, besser bekannt als »Kaiser-Café«. Errichtet 1901/02 von Kurt Diestel als fünfgeschossiges Eckhaus mit abgeschrägter Gebäudeecke, markierte der hohe kupferne, dreistufige Turm im Stil des Neo-Empire eindrucksvoll den Eingang in die Dresdner Innenstadt. Im Erdgeschoß waren schmale Läden und ein Teil des »Kaiser-Cafés« untergebracht. Zum Hofe hin waren die Büroräume der Feuerversicherungs-Genossenschaft zu finden. Das gesamte erste Obergeschoß wurde durch das bekannte Café und seine Nebenräume eingenommen.

Hauptbahnhof

Verlag von Emil Degenkolb Nf., Dresden. Nr. 27 (ungelaufen)

Der 1892–1898 nach Plänen von Ernst Giese, Paul Weidner und Arwed Roßbach erbaute Dresdner Hauptbahnhof ist mit seiner Kombination aus Durchgangs- und Kopfbahnhof auf zwei verschiedenen Ebenen ein außergewöhnliches Monument der Ingenieursbaukunst. Er ersetzte den Böhmischen Bahnhof der einstigen Sächsisch-Böhmischen Staatseisenbahn und war von vornherein mit seiner repräsentativen Gestaltung als zentraler Bahnhof der Stadt konzipiert. Bereits vor dem Ersten Weltkrieg war der Wiener Platz vor dem Hauptbahnhof ein bedeutender Verkehrsknotenpunkt für den Nahverkehr – hier fuhren fünf Straßenbahn- und vier Buslinien durch die Prager Straße zur Altstadt, dazu kamen noch je zwei Linien in Ost-West-Richtung.

Wiener Platz mit Hauptbahnhof

Dr. Trenkler Co., Leipzig. 1908. Dsd. 335 (ungelaufen)

Vom Dach der Generaldirektion der Königlich Sächsischen Staatseisenbahnen geht der Blick nach Westen über den Wiener Platz. Links ist der Hauptbahnhof zu sehen, rechts im Vordergrund ist das »Kaiser-Café« zu erkennen. Das Mittelschiff des Hauptbahnhofs beherbergte zunächst nur sechs Bahnsteiggleise, später wurde noch ein siebtes integriert. Nord- und Südhalle haben je drei durchgehende Bahnsteiggleise, die in südöstlicher Richtung über das Hallenende hinaus reichen; daneben beherbergt die Nordhalle (rechts) ein zusätzliches Durchfahrgleis.

Königspavillon des Hauptbahnhofs

Dr. Trenkler Co., Leipzig 1905. Dsd. 119 (gelaufen 1910)

An der nordwestlichen Seite des Bahnhofs befindet sich der im Stil des Neobarock errichtete Königspavillon, der zum Empfang von Staatsgästen diente. Ursprünglich sollten auch an den weiteren Zugängen der Nordseite Pavillons entstehen. Der Verzicht darauf führte zu Kritik von Seiten der Architekten und der Presse, da der Königspavillon nun nicht in ein harmonisches Gefüge integriert war. In der Weimarer Republik wurde hier ein Fahrkartenschalter eingerichtet, bevor er in der NS-Zeit erneut Funktions- und Würdenträgern vorbehalten war. Seit 1950 beherbergte der Königspavillon das »Kino im Hauptbahnhof« mit über 170 Plätzen. Seit 2001 ist der Pavillon ungenutzt, eine Nutzung für Kulturprojekte und Kunstausstellungen ist geplant.

Hotel Kaiser Wilhelm, Dresden

»Hotel Kaiser Wilhelm«

Urania, Graphisches Institut, Charlottenburg 4. No. 1010 (ungelaufen), Slg. Stadtmuseum Dresden

Nach der Fertigstellung des Böhmischen Bahnhofs entstanden in den 1860er Jahren am (noch unbenannten) Wiener Platz Villen, die in größere Gartenanlagen eingebettet waren. Dieser wenig großstädtische Charakter blieb auch nach dem Bau des Hauptbahnhofes erhalten, nur wurden die Villen nun als Hotels genutzt, wie hier das zwei Villen umfassende »Hotel Kaiser Wilhelm« gegenüber dem Königspavillon des Bahnhofs.

Dresden – Pragerstraße

Prager Straße mit »Hotel Europäischer Hof«

Kunstanstalt Carl Döge, Dresden 12. 379 (ungelaufen)

Nach der Eröffnung des Böhmischen Bahnhofs (heute Hauptbahnhof) wurde 1851 die Prager Straße angelegt, um eine direkte Verbindung zur Altstadt herzustellen. Ursprünglich eine stille Gartenpromenade mit Villen und Gärten, entwickelte sich daraus um die Jahrhundertwende ein prachtvoller Boulevard, in dem sich Hotels, Cafés, Restaurants, Theater, Banken, Kunst-, Mode- und Spielwarenhandlungen sowie große Kaufhäuser aneinander reihten. An der Ecke der Sidonienstraße fand man links seit 1881 das »Café Hülfert«. Auf der anderen Straßenseite stand das Luxus-Hotel »Europäischer Hof«, das Rudolf Sendig, Hotelier aus Bad Schandau, 1891 übernommen hatte. Hier hatte auch die weit über Dresden hinaus bekannte Konditorei Rumpelmayer ihren Sitz.

»Neues Hotel Europäischer Hof«

»Urania«, Graphisches Institut, Berlin S.W. 68. 9836 (gelaufen 1917)

Das »Hotel Europäischer Hof« florierte so gut, daß Rudolf Sendig auf der gegenüberliegenden Straßenseite, auf der einzigen noch unbebauten Parzelle, ein zweites Haus errichten lassen konnte. Architektonisch unterschied sich der nach amerikanischem Vorbild gestaltete Bau deutlich von seinem neobarocken Pendant. Links geht der Blick in die Sidonienstraße, 1855 benannt zu Ehren der Prinzessin Sidonia (1834–1862), Tochter des Königs Johann.

Große Plauensche Straße

Verlag Josef Thomas, Papierhandlung, Dresden 13266 (ungelaufen), Slg. Klügel

Die Große Plauensche Straße hieß bereits im 16. Jahrhundert Plauische Gasse, so benannt wegen ihrer Ausrichtung nach dem Dorf Plauen an der Weißeritz, dem heutigen Stadtteil von Dresden. Sie verband den Dippoldiswalder Platz mit dem Plauenschen Platz. Nach den Zerstörungen des Zweiten Weltkriegs wurde die Straße überbaut, ihr heutiger Verlauf hat mit dem historischen Zustand nichts zu tun.

4. DIE PIRNAISCHE VORSTADT

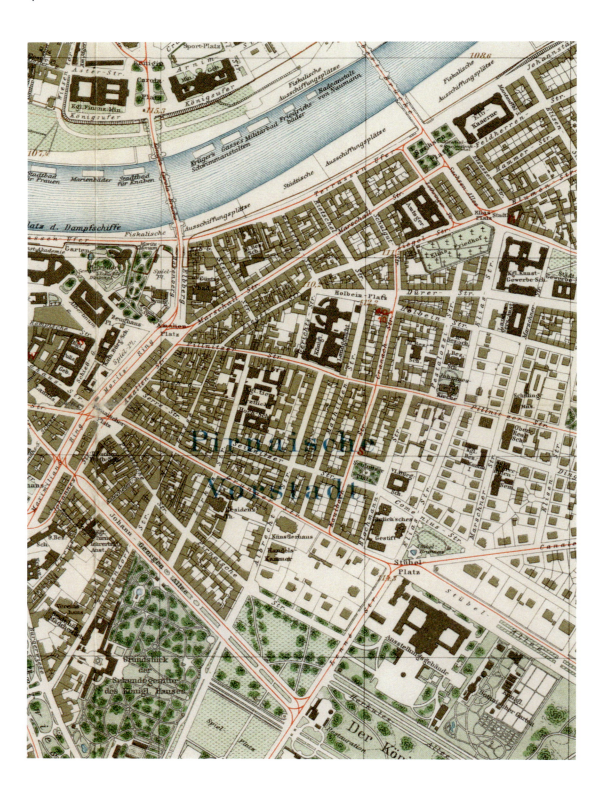

Amalienplatz mit Carolabrücke und Marschallstraße

Koch & Bitriol, Dresden. 1187 (gelaufen 1903)

Zum Gedenken an die Königin Amalie Auguste (1801-1877), Gemahlin des Königs Johann, erhielt der Platz am Übergang vom Moritzring zur Carolabrücke 1898 den Namen Amalienplatz (seit 1922 Rathenauplatz). Von hier zweigte nach Nordosten die Marschallstraße ab, während im Norden der Brückenkopf der zur Neustadt führenden, 1892–1895 errichteten Carolabrücke zu sehen ist. Noch nicht vorhanden sind die beiden Reiterplastiken aus Sandstein, die Friedrich Obermann 1907 links und rechts der Brückenauffahrt aufstellte. Nach der Zerstörung der Brücke und ihrem modernen Wiederaufbau sind sie heute die letzten Zeugnisse der alten Carolabrücke.

Marschallstraße

Orig.-Aufn. u. Verlag Rudolf Brauneis, Dresden-A., Kl. Brüdergasse 15. 1685 (ungelaufen)

Zur Erinnerung an die Ernennung von Kronprinz Albert zum sächsischen Generalfeldmarschall erhielt die 1877 neu angelegte, vom Amalienplatz (heute Rathenauplatz) nach Nordosten laufende Straße den Namen Marschallstraße. In den 1960er Jahren zum größten Teil überbaut, wurde der noch verbliebene Straßentrakt 1971 in die Florian-Geyer-Straße, die ehemalige Feldherrenstraße einbezogen. In der Marschallstraße 31 gründete Melitta Bentz ihr erstes Geschäft für zunächst ausschließlich in Handarbeit hergestellte Kaffee-Filtertüten.

Dresden — Pillnitzerstrasse mit Redlichhaus.

Pillnitzer Straße mit Redlichhaus

Kunstanstalt Karl Braun & Co. München 11121. Ges. gesch. (ungelaufen)

Die Pillnitzer Straße war die Verlängerung der Rampischen Gasse und hieß daher ursprünglich auch Äußere Rampische Gasse, erst 1859 erfolgte die Umbenennung wegen ihrer Ausrichtung nach dem Dorf Pillnitz. Die Straße begann am Amalienplatz (heute Rathenauplatz) und reichte bis zum Striesener Platz, ab dort trug sie den Namen Striesener, dann Borsbergstraße. Die Ansichtskarte zeigt den vorderen (westlichen) Teil der Pillnitzer Straße, etwa von der Höhe der Ziegelstraße, in Richtung Amalienplatz. An der Ecke der Amalienstraße stand das sogenannte Redlichhaus, ein um 1900 im Stil der deutschen Renaissance errichtetes Wohn- und Geschäftshaus.

Gruss aus Dresden — Ringstrasse und Kaiserpalast

Moritzring und »Kaiserpalast«

Verlag O. Schleich Nachf., Dresden 5048 (gelaufen 1902), Slg. IfL

Südlich des Amalienplatzes befand sich der Pirnaische Platz, von dem zahlreiche Straßen abgingen (Landhaus-, König-Johann-, Grunaer-, Pirnaische, Johannes- und Amalienstraße sowie Maximilians- und Moritzring), so daß er zu den wichtigsten Verkehrsknotenpunkten der gesamten Stadt gehörte. Der Platz entstand nach der Schleifung der Festungsanlagen, als 1820/21 das zuvor hier befindliche Pirnaische Tor abgebrochen und der Stadtgraben mit den Erdmassen des Walls aufgefüllt wurde. Links im Bild ist der Moritzring (heute Teil des St. Petersburger Rings) in Richtung Amalienplatz (heute Rathenauplatz) zu sehen.

»Kaiserpalast« und Amalienstraße

Hermann Poy, Dresden. 676 (gelaufen 1904)

1895–1897 ließ der Apotheker Hermann Ilgen, der durch die Erfindung von Mäusegift zu großem Wohlstand gelangt war, am Pirnaischen Platz zwischen Moritzring und Amalienstraße nach Plänen von Rudolf Schilling und Julius Graebner einen prunkvollen Neubau im Stil des Neobarock als Geschäftshaus und Restaurant errichten und gab ihm den Namen »Kaiserpalast«. Die Sandsteinfassade war reich verziert, u. a. mit einer Giebelgruppe von Hans Hartmann-MacLean. Neben einer Restauration für das einfache Volk entstanden auch Säle für ein zahlungskräftigeres Publikum. Nach 1920 zog eine Bankfiliale in das Erdgeschoß, während die oberen Etagen für Wohnungen genutzt wurden. 1945 wurde der »Kaiserpalast« zerstört, die Ruine wurde bis 1951 abgetragen.

Pirnaischer Platz

Kunstverlag Rudolf Brauneis, Dresden-A 19, Schandauer Str. 1a. 1629 (gelaufen 1912), Slg. Klügel

Der Pirnaische Platz bildete das Tor nach Osten. In Verlängerung der Landhausstraße führte die Grunaer Straße (links) nach Südwesten zum Stübelplatz, während die schmalere Pirnaische Straße (rechts), einstmals Anfang der nach Pirna gehenden Landstraße, auf den Großen Garten zulief. Ab 1880 wurde die Grunaer Straße zu einer bedeutenden Geschäftsstraße ausgebaut. Von den Bauten ist seit den Kriegszerstörungen nichts mehr erhalten. Anstelle des »Kaiserpalastes« entstand das heutige Hochhaus Grunaer Straße 5, in dem sich die Selbstbedienungsgaststätte und Grillbar »Pirnaisches Tor« befand. Auf der südwestlichen Seite des Platzes entstand bis 1972 das »Zentrum für Forschung und Technik« des VEB Kombinat Robotron.

Künstlerhaus

Ohne Verlagsangaben (gelaufen 1910), Slg. IfL

An der Ecke von Grunaer Straße (im Bild links) und Albrechtstraße (heute Blüherstraße) befand sich das Künstlerhaus, das Clubhaus der Dresdner Kunstgenossenschaft. Erbaut nach Plänen von Richard Schleinitz (1861–1916), einem Schüler von Constantin Lipsius, wurde es am 4. Oktober 1908 eingeweiht. 1945 zerstört, befindet sich hier heute ein modernes Hochhaus in Plattenbauweise.

Pillnitzer Straße mit Johanneskirche

Gebr. Schelzel, Dresden. No. 816 (gelaufen 1919)

In ihrem östlichen Teil war die Pillnitzer Straße von zwei- und dreigeschossigen Wohnhäusern geprägt. Dank der Bepflanzung mit Bäumen bewahrte sie noch lange ihren ursprünglichen Charakter einer nach Pillnitz führenden Landstraße. Dominiert wird die Ansicht vom 65 Meter hohen Turm der 1875–1880 errichteten Johanneskirche.

Johanneskirche

Kunstanstalt Karl Braun & Co. München. 10545. Herm. Humpsch. Dresden (gelaufen 1905), Slg. IfL

An der Ecke von Pillnitzer Straße und Eliasstraße (seit 1938 Güntzstraße) befand sich einstmals die Johanneskirche, 1875–1880 nach Plänen von Gotthilf Ludwig Möckel im neogotischen Stil errichtet. Der 65 Meter hohe, aus Sandstein gebaute Turm bildete das Wahrzeichen der Pirnaischen Vorstadt. 1945 brannte das Kirchenschiff aus, aufgrund der stählernen Dachkonstruktion hielten sich die Schäden jedoch in Grenzen, der Turm blieb sogar nahezu unversehrt. 1951 wurde das Kirchenschiff beseitigt und 1954, trotz massiver Proteste aus der Bevölkerung, der Turm gesprengt. Heute steht an dieser Stelle das St.-Benno-Gymnasium.

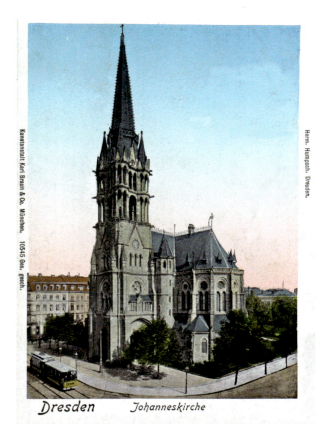

Blick vom Altstädter Elbufer

Dr. Trenkler Co., Leipzig. 1904. 24713 (gelaufen 1905), Slg. IfL

Die Abendstimmung vermittelt einen Eindruck von der Arbeit der Flußschiffer, die an den Städtischen Ausschiffungsplätzen zwischen Carolabrücke- und Albertbrücke ihre Schiffe be- und entluden.

Albertbrücke

Kunstanstalt Karl Braun & Co. München 11125 Ges. gesch. (gelaufen 1908)

Die 316 Meter lange Albertbrücke, benannt nach König Albert von Sachsen, ist die östlichste der vier Elbbrücken der Dresdner Innenstadt. Sie führt vom Sachsenplatz zum Kurfürstenplatz (heute Rosa-Luxemburg-Platz). Der Bau der 1877 eingeweihten Brücke – hier der Blick nach Norden zur Neustädter Seite – erfolgte nach Plänen und unter der Leitung von Stadtbau-Oberingenieur Karl Manck. Am 7. Mai 1945, einen Tag vor Ende des Zweiten Weltkriegs, sprengten SS-Truppen auf jeder Brückenseite drei Bögen, um den Vormarsch der Roten Armee zu behindern. Der Wiederaufbau mit verkleideten Stahlbetonbögen konnte aber bereits 1946 abgeschlossen werden.

Sachsenplatz

A. Schuchardt, Dresden-A., Schössergasse 3 (gelaufen 1917), Slg. IfL

Vom Neustädter Ufer geht der Blick zum Sachsenplatz an der Grenze von Pirnaischer Vorstadt und Johannstadt. Links ist die Albertbrücke zu erkennen, darüber das Gebäude der Jägerkaserne, hinter der die Feldherrenstraße nach Osten (links) verläuft. Unterhalb der hohen Ufermauern sind die städtischen Ausschiffungsplätze zu sehen, deren Funktion durch den 1895 fertiggestellten Elbhafen in der Friedrichstadt nach und nach übernommen wurde – sie sind teilweise noch heute an ihren gepflasterten Uferstreifen erkennbar.

Jägerkaserne

Otto Günther, Dresden Nr. 15 (gelaufen 1913), Slg. IfL

Am Sachsenplatz lag, bereits auf Johannstädter Territorium, die Jägerkaserne, die einzige Dresdner Kaserne auf Altstädter Seite. 1880–1882 erbaut nach Plänen von Oswald Haenel und Bruno Adam, bildete sie einen burgartigen Gebäudekomplex, der um einen mehr als 4000 Quadratmeter großen Innenhof angelegt war. Die Fassaden des Erdgeschosses, die Eckbauten und der Mittelbau wurden großflächig mit Sandstein verkleidet, die Wandflächen der oberen Geschosse wurden hingegen nur verputzt. 1882 bezog das 2. Königlich Sächsische Jäger-Bataillon Nr. 13 aus Meißen die Kaserne, in der NS-Zeit diente sie dem II. Sturmbann der SA-Standarte »Feldherrnhalle« aus München sowie als Polizeikaserne. Auf dem 1945 zerstörten Gelände entstand 2006 ein Pflegeheim.

Sachsenplatz und Sachsenallee

Kunstverlag Alfred Hartmann, Dresden-A. 16. 1418 (gelaufen 1907)

Der Sachsenplatz entstand 1875–1881 im Zusammenhang mit dem Bau der Albertbrücke. Die dekorative Wohnbebauung des Platzes im Stil der Neorenaissance schufen Oswald Haenel und Bruno Adam, von denen auch die Jägerkaserne stammte. Alle Gebäude waren mit Sandstein verkleidet und aufwendig verziert. Gemeinsam mit den 1873/1874 errichteten Häusern am Terrassenufer, mit den Bauten der einmündenden Feldherrenstraße (im Bild links) und der Marschallstraße (im Bild rechts, beide heute Florian-Geyer-Straße) sowie der Sachsenallee (im Bild von links nach rechts verlaufend) und der links parallel dazu laufenden Elsasser Straße bildeten sie einen einheitlichen großstädtischen Häuserkomplex.

Sachsenplatz und Sachsenallee

Orig.-Aufn. Th. C. Ruprecht, Dresden 9. 126–1913 (gelaufen 1915), Slg. Klügel

In dem großzügigen Wohnhaus zwischen Sachsenallee (links) und Lothringer Straße (rechts) befand sich das Restaurant »Zum Amtshof« (Sachsenplatz 2). Der Sachsenplatz selbst war parkartig gestaltet und wurde später wegen seiner Nähe zur Jägerkaserne mit militärischen Erinnerungsstätten versehen. So stand vor der Kaserne eine im Deutsch-Französischen Krieg 1870/71 erbeutete französische Mitrailleuse, eine Vorgängerin des Maschinengewehrs. Unweit davon wurde 1913 das nach 1945 entfernte Kolonialkriegerdenkmal eingeweiht.

Amtsgericht und Lothringer Straße

Kunstverlag Alfred Hartmann, Dresden-A. 16. 1532 (gelaufen 1915), Slg. Klügel

Nach den Zerstörungen des Zweiten Weltkriegs erinnert heute nur noch das Amtsgericht an die einstige Pracht des Viertels um den Sachsenplatz. 1888–1892 nach Plänen des Leipziger Architekten Arwed Roßbach in der Art eines Florentiner Renaissancepalastes errichtet, nahm der dreigeschossige Vierflügelbau das gesamte Areal zwischen Lothringer Straße, Marschallstraße und Ziegelstraße ein. Heute befindet sich hier der Sitz des Landgerichts Dresden. Im Vordergrund ist der Elias-Friedhof an der Ziegelstraße zu sehen, der von 1680 bis 1876 genutzt wurde und noch heute als Museumsfriedhof erhalten ist.

Kunstgewerbeschule an der Eliasstraße

Ohne Verlagsangaben (gelaufen 1911), Slg. IfL

Gegenüber dem Haupteingang zum Elias-Friedhof an der Eliasstraße (heute Güntzstraße) stand seit 1906 das von William Lossow und Hermann Viehweger errichtete Gebäude der Königlich Sächsischen Kunstgewerbeschule (Eliasstraße 34), in das die Architekten Teile des Brühlschen Palais integrieren konnten. Zur Schule gehörten eine umfangreiche Bibliothek sowie das Kunstgewerbemuseum, letzteres wurde 1914 abgetrennt und als selbständiges Museum fortgesetzt. Das Gebäude überstand den Krieg. 1950 wurde die nunmehrige Staatliche Hochschule für Werkkunst in die Hochschule für Bildende Künste integriert.

Ausstellungspalast und Stübelbrunnen

Brück & Sohn, Meissen 12679 (gelaufen 1912), Slg. IfL

Im Süden mündete die Eliasstraße (Güntzstraße) in den Stübelplatz, benannt nach dem Dresdner Oberbürgermeister Paul Alfred Stübel (1827–1905). Zu DDR-Zeiten nach dem tschechischen Schriftsteller Julius Fučík benannt, heißt er seit 1991 Straßburger Platz. Im Vordergrund ist der Stübelbrunnen zu sehen, der 1901 gemeinsam von Alfred Moritz Hauschild und Hans Hartmann-MacLean errichtet wurde. Nach Osten (links) verläuft die Stübelallee, die Fortsetzung der Grunaer Straße auf Johannstädter Gebiet. Auf ihrer Südseite erkennt man das Ausstellungsgelände, dahinter den Großen Garten.

Ausstellungspalast

Verlag Alfred Barthel Nachf., Inh. Paul Sipplie, Papierhandlg., Dresden, Ferdinandstrasse, Eckhaus Pragerstr. 13 (ungelaufen)

1894–1896 entstand an der nordwestlichen Ecke des Großen Gartens ein modernes Ausstellungsgelände nach Plänen des Architekten und Dresdner Stadtbaurats Alfred Hauschild. Das Hauptportal befand sich an der Stübelallee, das langgezogene Gebäude und das dazugehörige Ausstellungsgelände erstreckten sich vom Stübelplatz (Straßburger Platz) entlang der Stübelallee bis zum Botanischen Garten. Im Süden grenzte das Ausstellungsgelände an die Herkulesallee im Großen Garten. Architektonischer Schwerpunkt war der Haupteingang an der Stübelallee, der im Stil der Neorenaissance gestaltet und mit reichem figürlichen und ornamentalen Bauschmuck ausgestattet war.

Gartenrestaurant des Ausstellungspalastes

Kunstverlag Max Köhler, Dresden. 500 (gelaufen 1911), Slg. IfL

An der südlichen Stirnseite des Ausstellungsgeländes befand sich ein Restaurantbereich. 1901 wurde ein kleiner Konzertsaal als halbrunder Anbau angefügt. Ab 1896 entfaltete sich eine teilweise international ausgerichtete Ausstellungsaktivität, die mit wenigen Unterbrechungen während des Ersten Weltkriegs und der unmittelbaren Nachkriegszeit bis 1940 anhielt. Den Ausstellungsrekord erzielte die Internationale Hygiene-Ausstellung, die 1911 nicht weniger als 5,2 Millionen Besucher anzog. Im Zweiten Weltkrieg wurde der Ausstellungspalast weitgehend zerstört. An seiner Stelle entstand bis 1969 das »Ausstellungszentrum Fučíkplatz«, das bis 1999 genutzt wurde. Seit 2002 befindet sich hier die »Gläserne Manufaktur« der Volkswagen AG.

Kirche des Ehrlichschen Gestifts

A. Schuchardt, Dresden-A. 330 (gelaufen 1913)

Gegenüber dem Ausstellungspalast stand an der Ecke von Grunaer Straße und Eliasstraße (Güntzstraße) hinter dem Stübelbrunnen die Kirche des Ehrlichschen Gestifts. 1743 hatte der Dresdner Kaufmann und Ratsherr Johann Georg Ehrlich eine Stiftung eingerichtet, die einerseits der Unterstützung von erwachsenen Armen durch wöchentliche Brotspenden, andererseits der Fürsorge für arme Kinder gewidmet war. 1880 entstand aus Mitteln der Stiftung in der Blochmannstraße ein Schulgebäude, das 1945 stark beschädigt und 1951 verändert wieder aufgebaut wurde. Von 1904 bis 1907 entstand vor dem Schulgelände eine eigene Gestiftskirche nach Plänen von Karl Emil Scherz, die 1945 ebenfalls teilzerstört und 1951 abgerissen wurde.

Johann-Georgen-Allee

Ohne Verlagsangaben (ungelaufen)

Vom Maximiliansring führte als Verlängerung der Moritzstraße die Johann-Georgen-Allee vom Neumarkt zum Großen Garten. Die ungewöhnlich breite, mit Bäumen bepflanzte Allee war nach Kurfürst Johann Georg II. (1613–1680) benannt, dem Schöpfer des Großen Gartens. Sie war von großbürgerlichen Wohnhäusern im Stil der Gründerzeit gesäumt. 1947 wurde die Straße nach dem Großindustriellen Karl August Lingner (1861–1916), dem Erfinder des Odol-Mundwassers, in Lingnerallee umbenannt. Seit den Zerstörungen des Weltkriegs ist sie allerdings eine nahezu unbebaute Grünfläche.

5. DIE INNERE NEUSTADT

Interimsbrücke beim Bau der Friedrich-August-Brücke

Verlag Kurt Krause, Dresden 1 (ungelaufen)

Die Augustusbrücke war die älteste und lange Zeit auch wichtigste Verbindung zwischen Altstadt und Neustadt. Unter August dem Starken baute Matthäus Daniel Pöppelmann gemeinsam mit dem Ratsbaumeister Johann Gottfried Fehre die Brücke 1727–1731 aufwendig um. Das Bauwerk war danach 402 Meter lang, bei einer Breite von 11 Metern betrug die Fahrbahnbreite knapp 7 Meter. Zur Vermeidung von Unfällen wurde auf der Brücke bereits damals der Rechtsverkehr eingeführt. Zu Beginn des 20. Jahrhunderts wurde die Brücke komplett neu gebaut, in der Zwischenzeit führte eine Behelfsbrücke über den Fluß.

Friedrich-August-Brücke

Ohne Verlagsangaben (ungelaufen), Slg. IfL

Von 1907 bis 1910 entstand der Neubau der Augustusbrücke, die nach dem regierenden Herrscher Friedrich August III. benannt wurde. Der Neubau war notwendig geworden, weil der von Pöppelmann errichtete Bau auf 17 Pfeilern ruhte, so daß die engen Brückenbögen den Schiffsverkehr behinderten – der Neubau wies nur noch neun Pfeiler auf. Die Planungen hatten bereits 1902 begonnen und lagen zunächst in den Händen des Ingenieurs und Stadtbaurates Hermann Klette. Da an dieser wichtigen Stelle im Stadtbild auf die architektonische Gestaltung der Brücke besondere Sorgfalt verwandt werden sollte, zog die Stadt 1906 den bekannten Architekten Wilhelm Kreis hinzu; die Bauplastik (Wappen und Schlußsteine) schuf der Hamburger Bildhauer Karl Weinberger.

Neustadt mit Friedrich-August-Brücke

Verlag A. Schuchardt, Dresden-A., Schössergasse 3 (ungelaufen)

Der Blick zum Neustädter Elbufer zeigt die dichte Bebauung zu beiden Seiten der Friedrich-August-Brücke. Am rechten Brückenkopf ist das sogenannte Narrenhäusel zu sehen, das 1755 erbaute ehemalige Wohnhaus des kurfürstlichen Hofnarren Joseph Fröhlich, das aufgrund der beiden achteckigen elbseitigen Vorbauten an den Flügeln im Volksmund auch als »Brille« bezeichnet wurde; dahinter ist das Hotel »Kaiserhof« an der Beschriftung auf dem Dach zu erkennen. Am linken Brückenkopf steht die Neustädter Hauptwache, das sogenannte Blockhaus. Der kleinere Turm im Hintergrund gehört zum Neustädter Rathaus, der größere zur Dreikönigskirche.

Flußbadeanstalten

J. Karlebach, Dresden A. 9 (gelaufen 1910)

Der größte Teil des Neustädter Elbufers war von Flußbadeanstalten gesäumt. Das erste Dresdner Flußbad war bereits 1786 entstanden, 1826 folgte unterhalb der Augustusbrücke die erste Schwimm-Lehranstalt. Um 1910 verzeichneten die Stadtpläne nicht weniger als elf schwimmende Bäder zwischen Albert- und Marienbrücke, die auf Flößen errichtet waren und stark frequentiert wurden. Selbstverständlich waren sie streng nach Männern und Frauen getrennt. Mit der zunehmenden Verschmutzung der Elbe nach 1930 und dem Bau der ersten Freibäder ging die Bedeutung der Elbbäder schnell zurück. Als letzte Dresdner Elbbadeanstalt stellte das Loschwitzer Bad 1946 den Betrieb ein.

Blockhausgäßchen

Photochromie N & O D [Nenke & Ostermaier, Dresden] 1504 (gelaufen 1908), Slg. IfL

Hinter dem Blockhaus (im Bild vorn links angeschnitten) verlief das Blockhausgäßchen vom Neustädter Markt zum Elbufer. 1477 erstmals erwähnt, trug es lange den Namen Badergasse, weil sich dort die zum Augustinerkloster gehörende Badestube befunden hatte. Erst 1840 wurde sie umbenannt. Im Zuge des Umbaus des Neustädter Markts nach dem Zweiten Weltkrieg verschwand die Straße.

Goldener Reiter

Orig.-Aufn. v. R. Brauneis Dresden. Kunstverlag Rudolf Brauneis Dresden 19. No. 1619 (ungelaufen)

Seit 1736 steht auf dem Neustädter Markt das Reiterstandbild des sächsischen Kurfürsten und polnischen Königs Augusts des Starken (1670–1733), das von Ludwig Wiedemann in Kupfer getrieben und feuervergoldet wurde, weshalb es im Volksmund auch Goldener Reiter genannt wird. Zum Schutz vor Kriegsschäden wurde das Denkmal 1943/44 zerlegt und ausgelagert. 1956 wurde es im Rahmen der 750-Jahr-Feier Dresdens wieder aufgestellt. Heute gehört es zu den bekanntesten Wahrzeichen der Stadt.

Neustädter Markt

Kretzschmar & Schatz, Meissen 1/5/1681. 1919 (ungelaufen)

Der Neustädter Markt entstand vermutlich schon vor 1200 als Dorfplatz einer slawischen Siedlung. Seinen Namen erhielt er aber erst 1928 zur Unterscheidung vom Altmarkt und Neumarkt in der Dresdner Altstadt; bis dahin hieß er Am Markt. Er bildete den Mittelpunkt der bis 1549 selbständigen Stadt Altendresden. Lange Zeit völlig bedeutungslos, begann die eigentliche Entwicklung erst nach der weitgehenden Zerstörung durch einen Stadtbrand 1685. Der Neuaufbau des Stadtteils nach Plänen des Oberlandbaumeisters Wolf Caspar von Klengel zog sich über mehrere Jahrzehnte hin. Ein kurfürstliches Patent aus dem Jahre 1732 nannte den im Neuaufbau befindlichen Stadtteil »Neue Stadt bey Dresden«, daraus entstand die Bezeichnung »Neustadt«.

Neustädter Hauptwache und Große Meißner Straße

Brück & Sohn, Meissen. 12682 (gelaufen 1913)

An der Südseite des Neustädter Markts steht die Neustädter Hauptwache. Den Namen »Blockhaus« erhielt sie vermutlich wegen ihrer würfelähnlichen Bauform. Erbaut 1732–1737 nach Plänen von Zacharias Longuelune, erhielt das Gebäude 1749/50 ein Obergeschoß, erst 1892/93 folgte der Ausbau der Dachgeschoßzone. 1945 brannte das Haus aus und blieb danach jahrzehntelang eine Ruine, bevor es 1978 bis 1982 wieder aufgebaut wurde. Rechts ist der Beginn der Großen Meißner Straße zu sehen, die zum Kaiser-Wilhelm-Platz (Palaisplatz) führte und zu den schönsten Barockstraßen Dresdens gehörte. Lediglich ein Haus, die ehemalige Königliche Kanzlei (Nr. 15), überstand den Krieg und wurde 1983–1985 in das Hotel »Bellevue« integriert.

Neustädter Rathaus

Ohne Verlagsangaben (gelaufen 1918)

An der nordwestlichen Ecke des Neustädter Markts stand das Neustädter Rathaus. Nach der Zerstörung des ersten Rathauses beim Brand von 1685 wurde der schlicht gehaltene Neubau 1750–1754 durch den Ratsmaurermeister Johann Christoph Berger errichtet. Auf der Seite zur Hauptstraße hat das Gebäude 21 Fenster, zum Markt hin neun Fenster. Auf dem hohen Dach saß ein Dachreiter. Die Ecke zum Neustädter Markt war abgeschrägt; hier befand sich einer der beiden Nymphenbrunnen von Johann Benjamin Thomae, deren Kopien heute am Eingang der Hauptstraße stehen. 1945 zerstört, wurden die Ruinen des Neustädter Rathauses 1950 gesprengt. Bei der Neubebauung 1974–1980 mit Plattenbauten wurde in den erhaltenen Kellergewölben die Gastwirtschaft »Meißner Weinkeller« eingerichtet.

Ostseite des Neustädter Markts

Hermann Poy, Dresden (ungelaufen)

Hinter dem Goldenen Reiter ist die Ostseite des Neustädter Markts zu sehen. Links erkennt man den beliebten »Klosterkeller«, daneben das Hotel »Zu den vier Jahreszeiten«, ein »solides Familienhotel« mit »gutem Restaurant«, wie es in einem zeitgenössischen Reiseführer heißt. Heute befindet sich hier eine Freifläche vor den 1974–1980 errichteten Plattenbauten, darauf einer der beiden Betonbrunnen von Karl-Heinz Adler und Friedrich Kracht mit einem Becken von 15 Metern Durchmesser.

Hauptstraße

Kunstverlag Alwin Keil, Dresden-A. 1, Gerichtsstr. 23 (ungelaufen)

Vom Dach des Blockhauses geht der Blick über den Goldenen Reiter hinweg in die Hauptstraße. Sie wurde 1687, zwei Jahre nach dem großen Brand, angelegt, aber erst in den 1730er Jahren fertiggestellt. Die damals längste und breiteste Straße der Neustadt erhielt 1732 zwischen beiden Fahrstraßen eine Lindenallee und fungierte bis zur Öffnung der Brühlschen Terrasse 1814 als beliebteste Promenade der Dresdner. Um die 540 Meter lange Hauptstraße durch einen perspektivischen Effekt noch länger erscheinen zu lassen, verringerte man ihre Breite von 57 Metern am Neustädter Markt auf 38 Meter am Schwarzen Tor. 1945 wurde die komplette Bebauung mit Ausnahme einiger Häuser auf der westlichen (linken) Straßenseite zerstört. 1974–1980 erfolgte der Wiederaufbau als Fußgängermagistrale.

Aufziehen der Wache auf der Hauptstraße

Hermann Poy, Dresden 1908. Nachdruck verboten. 6087 (gelaufen 1910), Slg. IfL

Die Hauptstraße war täglich Schauplatz der von den Kasernen in der Albertstadt zum Schloß auf der Altstädter Seite (und zurück) marschierenden Wachsoldaten. Der Aufzug fand stets zahlreiche Schaulustige. Die Aufnahme entstand zu einer Zeit, als die dichte Bepflanzung der Hauptstraße offenbar gerade ersetzt wurde, weshalb der Blick auf die Häuser der westlichen Straßenseite vom Neustädter Rathaus bis zur Dreikönigskirche frei ist. Den Anfang schmücken seit 1893 zwei 25 Meter hohe, den Masten auf dem Markusplatz von Venedig nachempfundene bronzene Fahnenmasten, die Heinrich Epler als Erinnerung an den Dresden-Besuch von Kaiser Wilhelm I. 1882 schuf.

Japanisches Palais

Otto Günther, Dresden-N. 15. 235 (gelaufen 1913), Slg. IfL

Das Japanische Palais – hier vom Palaisgarten aus gesehen – gehört zu den 1945 schwer zerstörten, danach aber wieder aufgebauten Barockgebäuden Dresdens. Entstanden 1715 als Landhausbau, erhielt es seine heutige Form einer großen Vierflügelanlage beim Umbau 1727–1733 nach Entwürfen der Architekten Matthäus Daniel Pöppelmann, Zacharias Longuelune und Jean de Bodt. Seinen Namen erhielt das Gebäude 1732, wofür das Dach mit seiner fernöstlichen Form die Veranlassung gegeben haben soll. Seit 1760 dient das Gebäude musealen Zwecken, von 1786 bis 1945 beherbergte es außerdem die Kurfürstliche Bibliothek bzw. ihre Nachfolgerin, die Sächsische Landesbibliothek.

Kaiser-Wilhelm-Platz und Japanisches Palais

Verlag von Emil Degenkolb Nf., Dresden. No. 18 (gelaufen 1913), Slg. IfL

Mehr als ein Jahrhundert lang trug der Platz vor dem Japanischen Palais keinen Namen, erst seit etwa 1825 bürgerte sich der naheliegende Name Palaisplatz ein. Nach der Krönung von Wilhelm I. zum Deutschen Kaiser 1871 wurde er in Kaiser-Wilhelm-Platz umbenannt, woraus in der Weimarer Republik Wilhelmplatz und in der DDR Karl-Marx-Platz wurde, bevor er 1991 wieder seinen alten Namen erhielt. 1945 wurden die Bauten an der Süd- und Ostseite des Platzes zerstört. Dazu gehörten das Hotel »Zu den drei goldenen Palmenzweigen« (Kaiser-Wilhelm-Platz 12) sowie das um 1780 erbaute Palais Racknitz (Nr. 10).

Kaiser-Wilhelm-Platz mit Königstraße

Wilhelm Hoffmann A.-G. Dresden 7103 (gelaufen 1907)

Vom Kaiser-Wilhelm-Platz (Palaisplatz) geht der Blick nach Nordosten in die Königstraße, benannt nach August dem Starken, der sie 1722 anlegen ließ. Seinem Befehl zufolge war sie genau auf das Japanische Palais ausgerichtet, alle Häuser sollten dem Palais als würdiger, aber bescheidener Rahmen dienen. Sie mußten daher die gleiche Geschoß- und Simshöhe haben. Auf diese Weise entstand nach Plänen von Pöppelmann eine Straße von seltener Geschlossenheit.

Brandversicherungskammer

Kunstverlag Alfred Hartmann, Dresden-A. 16. 1765 (ungelaufen)

An der westlichen (linken) Ecke von Kaiser-Wilhelm-Platz (Palaisplatz) und Königstraße befand sich das Gebäude der Königlichen Brandversicherungskammer, die 1862 aus der Brandversicherungskommission hervorgegangen war und 1948 in die Staatliche Versicherung der DDR überging. Das Gebäude ist erhalten und wurde in den letzten Jahren in den ursprünglichen Formen der Barockzeit restauriert.

Kaiser-Wilhelm-Platz

Dr. Trenkler Co., Leipzig. 1903. 23840 (gelaufen 1906)

Neben dem aus dem 18. Jahrhundert stammenden Gebäude der Brandversicherungskammer entstand 1899 nach Plänen von Oswald Haenel ein mit neobarocker Sandsteinfassade und Jugendstilelementen ausgestatteter Neubau für die Brandversicherungsanstalt (im Bild rechts). Auch dieses Gebäude ist erhalten und steht heute unter Denkmalschutz. Vom Kaiser-Wilhelm-Platz führt die Kaiserstraße (seit 1946 Robert-Blum-Straße) nach Nordosten. An der Stelle des 1817 abgetragenen Leipziger Tores errichtete Gottlieb Friedrich Thormeyer zu beiden Seiten der Straße zwei klassizistische Torhäuser. 1945 wurden beide beschädigt; das östliche (rechte) wurde wieder aufgebaut und als Standesamt genutzt, während die Ruine des westlichen 1969 abgetragen wurde, um Platz für den Ausbau der Großen Meißner Straße zu schaffen.

Hotel und Restaurant »Neustädter Hof«

Herm. Bähr, Photogr., Dresden-N., Antonstr. 2 (ungelaufen)

An ihrem östlichen Ende traf die vom Kaiser-Wilhelm-Platz (im Hintergrund) kommende Hainstraße auf die Antonstraße (nach links verlaufend), die nach Beseitigung der Wälle 1818 entstand, aber erst 1840 nach dem sächsischen König Anton benannt wurde. Östlich von ihr verlaufen die Gleise der Eisenbahn vom Hauptbahnhof zum Bahnhof Dresden-Neustadt. Zahlreiche Hotels und Pensionen siedelten sich in der Umgebung des Bahnhofs an, so auch der »Neustädter Hof« von Franz Höhne. Links ist der Turm der Dreikönigskirche zu sehen.

Bahnhof Dresden-Neustadt

Kunstverlag Alfred Hartmann, Dresden-A. 16. 1556 (gelaufen 1910)

Der Bahnhof Dresden-Neustadt, umgangssprachlich auch Neustädter Bahnhof genannt, ersetzte 1901 den 1839 eingeweihten Leipziger Bahnhof sowie den seit 1847 bestehenden Schlesischen Bahnhof, an den noch der vor dem Bahnhof befindliche Schlesische Platz erinnert. Die Gleisanlagen waren ursprünglich auf Richtungs- und Linienbetrieb ausgelegt. Die Bahnsteiggleise 1–4 nahmen stadtauswärts und die Gleise 5–8 stadteinwärts fahrende Züge auf. Die mittleren Bahnsteige waren dabei dem Fernverkehr vorbehalten. Auf den Bahnsteiggleisen 3 und 6 verkehrten Züge nach bzw. von Leipzig und Berlin und auf den Bahnsteiggleisen 4 und 5 Züge nach bzw. von Görlitz.

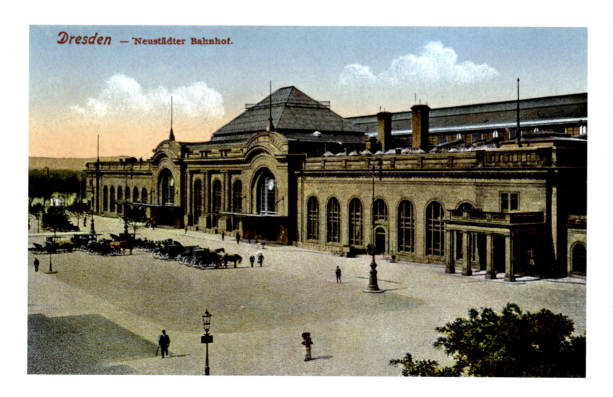

Empfangsgebäude des Bahnhofs Dresden-Neustadt

Kunstverlag Alfred Hartmann, Dresden-A., Annenstr. 48 II. 232 (ungelaufen), Slg. IfL

Der Bahnhof Dresden-Neustadt besteht aus der Bahnsteighalle über der Hochgleislage sowie dem größtenteils aus Sandstein errichteten Empfangsgebäude auf Straßenniveau, das sich seitlich in östlicher Richtung anschließt und das von der Empfangshalle mit zwei imposanten Portalen und großen Rundbogenfenstern dominiert wird. Die insgesamt 177 Meter lange Front des Empfangsgebäudes am Schlesischen Platz ist streng symmetrisch aufgebaut, mit Ausnahme des balkonartigen Vorbaus am rechten Ende, einstmals der Eingang zu den Fürstengemächern.

Blick zum Albertplatz

Kunstanstalt Carl Döge, Dresden 12. 330 (gelaufen 1914)

Nach dem Abriß des Schwarzen Tores entstand ab 1817 eine Platzanlage, die 1829 auf den Namen Bautzner Platz getauft und 1871 zu Ehren des späteren Königs Albert I. in Albertplatz umbenannt wurde. 1875 folgte die gartenarchitektonische Gestaltung durch Johann Carl Friedrich Bouché. Die Lage im Radius des innerstädtischen Elbbogens wurde bewußt so gewählt, daß wichtige Straßen vom Albertplatz durch Elbbrücken verlängert werden. Neun Straßen laufen sternförmig auf den Platz zu, darunter die Königstraße (im Bild von links unten kommend); zudem tangieren die Antonstraße und die Bautzner Straße den Platz im Norden.

Dresdner Bank am Albertplatz

Carl Döge, Dresden 12. 312 (gelaufen 1910), Slg. IfL

Der Albertplatz war von wichtigen Gebäuden der Kultur und Wirtschaft umgeben. An der Ecke zur Königsbrücker Straße (im Bild links) befanden sich die Neustädter Filiale der Dresdner Bank und das »Albert-Café«. Die Gebäude an der nordöstlichen Seite des Albertplatzes wurden 1945 zerstört und in den 1980er Jahren durch Plattenbauten ersetzt.

Hochhaus am Albertplatz

Buntdruck II 4408/9169 (ungelaufen)

Auf der Nordwestseite des Albertplatzes, am Beginn der Königsbrücker Straße, befindet sich das 1929 nach Plänen von Hermann Paulick für die Sächsische Staatsbank errichtete erste Bürohochhaus Dresdens. Das elfgeschossige und 40 Meter hohe Hochhaus wurde als Stahlbeton-Skelettbau in Ecklage errichtet und erhielt eine sachliche verputzte Fassade. Diese ist senkrecht durch leicht vorgelagerte Erker gestaffelt. Die beiden oberen Stockwerke sind gegenüber der gesamten unteren Fassade zurückgesetzt. Von 1948 bis 1997 wurde das Hochhaus von den Dresdner Verkehrsbetrieben genutzt, seitdem steht es leer.

Artesischer Brunnen am Albertplatz

B. H. D. 22. 31484 (ungelaufen)

Um den wachsenden Wasserbedarf der Dresdner Neustadt zu decken, erbohrten 1832–1836 Freiberger Bergleute auf der Nordseite des Albertplatzes einen Artesischen Brunnen mit einer Tiefe von gut 243 Metern. Allerdings war die Wassermenge schon damals zu gering, um den Zweck des Brunnens zu erfüllen. Da das Wasser aber einen guten Geschmack hat, wird es gern als Mineralwasserersatz genutzt, weshalb es am Brunnenhaus, das sich an der Antonstraße neben dem Hochhaus befindet, einen Trinkbrunnen gibt. Das Brunnenwasser speist zusätzlich zum Trinkbrunnen eine kleine Fontäne, die sich in einem 1906 von Hans Erlwein entworfenen tempelartigem Rundbau mit Goldfischbecken befindet.

Albert-Theater

Kunstverlag Alfred Hartmann, Dresden-A., Annenstr. 48 II. 174 (gelaufen 1918)

Dominierendes Gebäude am Albertplatz war das Albert-Theater, das neben dem Residenztheater an der Zirkusstraße und der Semperoper zu den repräsentativen Theaterhäusern der Stadt gehörte. 1871–1873 im Stil der Neorenaissance erbaut, diente es bis 1913 als Königliches Schauspielhaus. Auch nachdem das neue Schauspielhaus an der Ostra-Allee diese Funktion übernommen hatte, wurde es weiter als Sprechbühne genutzt, nun unter dem Namen Neustädter Schauspielhaus. 1945 ausgebrannt, wurde die Ruine 1950 abgerissen. Rechts daneben ist die 1900–1903 für den Industriellen und Kunstmäzen Carl Emil Eschebach erbaute, neobarocke Villa Eschebach zu sehen – sie dient seit 1997 als Hauptstellensitz der Dresdner VR-Bank. Im Hintergrund ist der Turm der Martin-Luther-Kirche am Martin-Luther-Platz zu sehen.

Monumentalbrunnen »Stille Wasser«

Krille & Martin Dresden-A. 1781 A. (gelaufen 1912)

In der Mitte des Albertplatzes stehen seit 1894 die Zwillingsbrunnen »Stürmische Wogen« und »Stille Wasser«, entworfen von Robert Diez. Während »Stürmische Wogen« den Sturm auf wildem Roß darstellt, mit einer Schlangenpeitsche kämpfend mit Seeungeheuern, ist »Stille Wasser« (auch »Ruhige Wogen«) verträumt, eine Nymphe mit einer Lilie in der Hand musiziert, während Frösche, Schnecken und Muscheln sie umgeben. Für die Pariser Weltausstellung 1900 wurden die bronzenen Brunnenplastiken demontiert und dort als eindrucksvolle Beispiele deutscher Gießereitechnik ausgestellt.

Albertplatz und Königstraße

Heliocolorkarte von Ottmar Zieher, München (gelaufen, undatiert)

Vermutlich vom Dach des Albert-Theaters geht der Blick über den Albertplatz und durch die Königstraße zum Japanischen Palais im Hintergrund. Die Türme gehören zur Dreikönigskirche (rechts), zur Katholischen Franziskuskirche (Mitte) und zur Neustädter Hauptpost an der König-Albert-Straße.

Albertplatz und Hauptstraße

Kunstverlag Alfred Hartmann, Dresden-A., Annenstr. 48 II. 172 (gelaufen 1916)

Leicht nach Osten versetzt geht der Blick nun vom Gebäude der Dresdner Bank über die Grün- und Brunnenanlagen des Albertplatzes durch die Hauptstraße zum Neustädter Markt. Die rechts zu sehende Dreikönigskirche war nach dem großen Brand von 1685 neu erbaut worden, mußte aber auf Befehl Augusts des Starken bereits 1731/32 wieder abgerissen werden, weil sie der geplanten zentralen Prachtstraße, der heutigen Hauptstraße, im Wege stand. Der 1732–1739 nach Plänen von Pöppelmann ausgeführte Neubau stand nun an der Westseite der Hauptstraße, war genau nach der Straßenflucht ausgerichtet und paßte sich in den neuen Stadtteil ein, wurde also nicht nach Osten, sondern nach Südosten ausgerichtet.

Schiller-Denkmal am Albertplatz

Kunstverlag Alfred Hartmann, Dresden-A., Annenstr. 48 II. 2502 (ungelaufen)

In einer Grünfläche an der von Königstraße, Hauptstraße und Albertplatz gebildeten Spitze, gegenüber der im Krieg zerstörten Franziskuskirche, befindet sich das vom Bildhauer Selmar Werner und dem Architekten Oswin Hempel geschaffene Schiller-Denkmal. Das 1914 eingeweihte Marmordenkmal gilt als das Hauptwerk Werners. Es zeigt den überlebensgroßen Dichter, umgeben von einer Marmorwandung, auf der neun Reliefs zu Schillers Werken angebracht sind.

Franziskuskirche

Paul Heine, Dresden-N., Döbelnerstr. 3. 3320 (gelaufen 1901), Slg. Klügel

An der Spitze von Hauptstraße und König-Albert-Straße (heute Albertstraße, links) lag die Katholische Franziskuskirche. 1730 war ganz in der Nähe, an der Rittergasse (heute Ritterstraße), eine kleine Kapelle für den katholischen Gottesdienst geweiht worden. Als aufgrund der zunehmenden Einwanderung von Katholiken, vor allem aus Böhmen, die Kirche zu klein geworden war, entschloß man sich zum Bau eines neuen Gotteshauses. 1855 wurde das im lombardischen Stil des 12. Jahrhunderts errichtete doppeltürmige Kirchgebäude mit Pfarrwohnungen und Schulräumen geweiht. 1945 wurde die Kirche zerstört und anschließend abgerissen.

Dreikönigskirche

Kunstverlag Brauneis & Hartmann, Dresden-A. 16. No. 1633 (ungelaufen)

Der Turm der Dreikönigskirche bildet die architektonische Dominante der Inneren Neustadt. Zwischen Königstraße (vorn) und Hauptstraße gelegen, entstand die Kirche 1732–1739 nach Plänen von Matthäus Daniel Pöppelmann an der Stelle des ehemaligen Friedhofs von Altendresden, der nun nach Norden verlegt wurde (heutiger Innerer Neustädter Friedhof). Erst 1854–1857 wurde der 87,5 Meter hohe Turm aus Sandstein auf der Westseite hinzugefügt, der außen von mehreren Skulpturen wie den vier Evangelisten und den Heiligen Drei Königen geschmückt ist. Während die Kirche 1945 schwer zerstört wurde, blieb der Turm erhalten. 1984–1990 erfolgte der Wiederaufbau.

Dresden-N. — Dreikönigs-Kirche

Jägerhof

Original-Aufnahme und Photochromie: Nenke & Ostermaier, Dresden. Allein-Vertrieb: Emil Degenkolb, Blasewitz, 1214 (ungelaufen)

Der Jägerhof ist heute das älteste erhaltene Baudenkmal der Dresdner Neustadt. Erbaut im 16. Jahrhundert im Stil der Renaissance anstelle des zuvor beseitigten Augustinerklosters, bestand er ursprünglich aus vier Flügeln, von denen nur der Westflügel verblieben ist. Der Jägerhof beherbergt seit 1913 das Museum für Sächsische Volkskunst und seit 2005 auch die Puppentheatersammlung. Nach den Luftangriffen auf Dresden im Februar 1945 brannten die beiden oberen Stockwerke des Gebäudes aus. Nur das Erdgeschoß mit seinem schlichten Kreuzgratgewölbe konnte im Original gerettet werden, die anderen Gebäudeteile mußten später rekonstruiert werden.

Blick von der Dreikönigskirche

Paul Heine, Dresden-N., Döbelnerstr. 3. 3601 (ungelaufen), Slg. IfL

Vom Turm der Dreikönigskirche sieht man die östliche Seite der Hauptstraße, die im Zweiten Weltkrieg vollständig zerstört und danach abgetragen wurde. 1974–1980 entstand an ihrer Stelle eine moderne Fußgängermagistrale, bestehend aus fünfgeschossigen Wohnbauten in Plattenbauweise mit vorgezogenen Ladengeschäften im Erdgeschoß. Im Süden erkennt man auf der Altstädter Seite die Türme der Frauenkirche, der Kreuzkirche und der Hofkirche sowie den Schloßturm.

Baugewerkschule

Kunstanstalt Karl Braun & Co. München 11247 (ungelaufen), Slg. Klügel

Kurz hinter der Neustädter Hauptpost an der König-Albert-Straße (heute Albertstraße) zweigte nach Osten die St.-Privat-Straße ab, so benannt 1897 nach der Schlacht bei St. Privat la Montagne im August 1870, an der die sächsischen Truppen unter Kronprinz Albert entscheidend beteiligt waren. Seit 1946 trägt sie den Namen des im KZ Sachsenhausen ermordeten KPD-Stadtverordneten und Stadtrats Paul Schwarze. An der Ecke der Hospitalstraße lag das Gebäude der 1837 gegründeten Königlichen Baugewerkschule, einer Fachschule zur Ausbildung von Bauhandwerkern.

Zirkus Sarrasani

Kunstverlag Alfred Hartmann, Dresden-A., Annenstr. 48 II. 234 (gelaufen 1921)

1902 begann Hans Stosch, der sich vom Zirkus-Stallburschen zum Dressur-Clown emporgearbeitet hatte, mit einem eigenen Wanderzirkus zu reisen, für den er den Namen »Sarrasani« wählte. Bald war er so erfolgreich, daß er 1911/12 auf dem freien Platz neben dem Jägerhof in der Dresdner Neustadt das erste feste Zirkusgebäude Europas für knapp 4000 Menschen erbauen lassen konnte. Sein Herzstück war der frei gespannte Kuppelraum mit einem Durchmesser von 46,50 Metern und einer lichten Höhe von fast 29 Metern. Die Manege konnte abgesenkt und mit Wasser gefüllt werden. 1945 wurde das Haus zerstört und anschließend nicht wieder aufgebaut.

Blick von der Frauenkirche zur Neustadt

Kunstverlag Alfred Hartmann, Dresden-A. 16. 1648 (gelaufen 1915)

Links und rechts der Carolabrücke entstanden an der Wende vom 19. zum 20. Jahrhundert zwei große Neubauten für die königlichen Ministerien. Westlich der Brücke wurde 1889–1896 nach Entwürfen von Otto Wanckel und Ottomar Reichelt das Gebäude des Finanzministeriums im Stil der Neorenaissance errichtet. Links davon, jenseits der Wiesentorstraße, sind mehrere kleinere Barockhäuser mit vorgelagerten Gärten zu erkennen, darunter das Haus der Königlichen Stadtkommandantur unterhalb des Turms der Dreikönigskirche.

Finanzministerium

B. H. D. Nr. 7 (gelaufen 1916), Slg. IfL

Die Elbfront des Finanzministeriums – hier vom Aufgang zur Carolabrücke aus gesehen – trägt ein aus Majolikaplatten bestehendes Giebelbild des Malers Anton Dietrich, das die Figur der Saxonia umgeben von den allegorisch dargestellten Künsten sowie den Einnahmen des Staates zeigt. 1945 wurde das Gebäude zerstört, aber bereits in den 1950er Jahren wiederaufgebaut. Bis 1990 hatten die Bezirksbehörde der Volkspolizei und die Ingenieurschule für Geodäsie und Kartographie hier ihren Sitz. Seit 1990 ist es Sitz des Finanzministeriums des Freistaats Sachsen.

Carolabrücke mit den Ministerien

Rud. Joh. Leonhardt, Dresden, Gr. Brüdergasse 21.I. 512 (gelaufen 1915)

Die 340 Meter lange Königin-Carola-Brücke, benannt nach Carola von Wasa-Holstein-Gottorp (1833–1907), der Gemahlin von König Albert, entstand 1892–1895 parallel zum Bau des Finanzministeriums. Mit einer knapp 10 Meter breiten Fahrbahn mit zweigleisiger Straßenbahntrasse führte sie den Verkehr von der Altstädter Ringstraße über die König-Albert-Straße am Zirkus Sarrasani vorbei nach Norden zum Albertplatz. Ab 1905 wurde die Brücke auch offiziell nur noch Carolabrücke genannt.

Kultusministerium

Curt Krause, Dresden-A. 1906. 12 (gelaufen 1909), Slg. IfL

Auf der östlichen Seite der Carolabrücke wurde 1900–1904 ein gemeinsames Ministerialgebäude für die königlich-sächsischen Ministerien des Innern, der Justiz sowie des Kultus und des öffentlichen Unterrichts erbaut. Das nach Entwürfen von Edmund Waldow, dem Leiter des staatlichen Hochbauwesens, und unter Leitung des Architekten Heinrich Tscharmann errichtete Gebäude wurde 1945 teilweise zerstört. Nach dem Wiederaufbau in den 1950er Jahren war es bis 1990 Sitz des Rates des Bezirks Dresden. Seit 1990 ist das Gebäude Sitz der Sächsischen Staatsregierung und der Sächsischen Staatskanzlei.

Blick über die Ministerien zur Altstadt

Verlag A. Desbarats, Dresden. No. 27 (gelaufen 1911), Slg. IfL

Ein abschließender Blick geht über die Ministerien am Neustädter Elbufer hinüber zur Altstadt mit der Brühlschen Terrasse, dem Ständehaus, dem Schloß, der Sophienkirche, der Katholischen Hofkirche, dem Zwinger, der Semperoper und, ganz rechts, dem Turm des Fernheizwerks – in der Mitte die Elbe mit einigen Flußbadeanstalten.

ANHANG

132 Gesamtplan

REGISTER

Akzisehaus (Postplatz, Wettiner Straße) 65
Albertbrücke 87, 103, 104, 105, 112
Albert-Café (Albertplatz) 121
Albertinum (Brühlsche Terrasse) 40, 54
Albertplatz 121, 122, 123, 124, 125
Albertstraße Siehe König-Albert-Straße
Albert-Theater (Albertplatz) 123, 124
Albrechtstraße 102
Allgemeine Ortskrankenkasse (Sternplatz) 73
Alte Nudelmühle (Ostra-Allee) 71
Alter Packhof 54
Altes Rathaus 13, 14, 20, 86
Altmarkt 13, 14, 15, 16, 17, 18, 20, 21, 22, 23, 24, 25, 51, 53, 62, 82, 83, 86, 114
Altstädter Hauptfeuerwache (Annenstraße) 79
Altstädtische Hauptwache 48, 57
Am Markt Siehe Neustädter Markt
Am See 79, 81
Amalienplatz 99, 100
Amalienstraße 100, 101
Ammonstraße 75
Amtsgericht (Lothringer Straße) 106
Anglikanische Kirche (Wiener Platz, Beuststraße) 93
Annenkirche (Annenstraße) 76, 77
Annenstraße 64, 65, 77, 78, 79
Antonstraße 119, 121, 122
Arnoldsche Kunstbuchhandlung (Altmarkt) 14
Artesischer Brunnen (Albertplatz) 122
Augustusbrücke (Friedrich-August-Brücke) 14, 36, 39, 45, 53, 54, 111, 112
Augustusstraße 29, 33, 52
Ausstellungsgelände (Stübelplatz) 107, 108
Bahnhof Dresden-Hauptbahnhof 67, 72, 73, 74, 83, 93, 94, 95, 96, 119
Bahnhof Dresden-Neustadt 72, 119, 120
Bahnhof Wettiner Straße 72
Bankstraße 90
Bären-Schänke (Webergasse) 16
Bärenzwinger 38
Bargou & Söhne (Postplatz) 62
Baugewerkschule (St.-Privat-Straße) 127
Bautzner Straße 121
Bayrische Straße Siehe Bismarckstraße
Belvedere (Brühlsche Terrasse) 38
Beuststraße 93
Bezirksschule (9.) (Georgplatz) 89
Bismarckstraße 74
Blochmannstraße 109
Blockhaus Siehe Neustädter Hauptwache
Blockhausgäßchen 113
Blüherstraße Siehe Albrechtstraße

Borsbergstraße 100
Botanischer Garten 108
Brandversicherungsanstalt (Kaiser-Wilhelm-Platz) 119
Brandversicherungskammer (Kaiser-Wilhelm-Platz) 118, 119
Breite Straße 19
Brückenstraße 72
Brühlsche Gasse 43
Brühlsche Terrasse 33, 35, 36, 38, 39, 40, 41, 42, 43, 46, 53, 55, 116, 130
Brunnen Stille Wasser (Albertplatz) 123
Brunnen Stürmische Wogen (Albertplatz) 123
Brunnenhaus (Antonstraße) 122
Budapester Straße 74, 81
Bürgerschule (I.) (Georgplatz) 25, 88, 89
Bürgerschule (II./VII.) (Ammonstraße) 75
Bürgerwiese 90, 91, 92, 93
Café Central (Altmarkt) 14, 20, 22
Café Hülfert (Prager Straße) 96
Café König (Johannesring) 83
Carolabrücke 36, 37, 39, 99, 103, 128, 129, 130
Central-Theater (Waisenhausstraße) 82
Chemnitzer Straße 74, 75
Cholerabrunnen (Postplatz) 61
Coselpalais (Neumarkt) 28, 29, 40
Denkmal für Ernst Rietschel (Brühlsche Terrasse) 42
Denkmal für Friedrich Schiller (Albertplatz) 125
Denkmal für Gottfried Semper (Brühlsche Terrasse) 40
Denkmal für König Albert von Sachsen (Schloßplatz) 45, 59
Denkmal für König August den Starken (Goldener Reiter) (Neustädter Markt) 113, 115, 116
Denkmal für König Friedrich August I. (Zwinger, Schloßplatz) 45, 58, 59
Denkmal für König Friedrich August II. (Neumarkt) 30, 33, 34
Denkmal für König Johann (Theaterplatz) 50
Denkmal für Ludwig Richter (Brühlsche Terrasse) 40
Denkmal für Martin Luther (Neumarkt) 30, 31
Denkmal für Otto von Bismarck (Johannesring) 83, 84
Denkmal für Theodor Körner (Georgplatz) 89
Der Herzogin Garten 69, 71
Deutsche Bank (Friedrichring) 83, 84
Deutsche Reichsbank (Bankstraße) 90
Deutsches Familien Kaufhaus (Altmarkt) 21
Dinglingerhaus (Jüdenhof) 33
Dippoldiswalder Platz 81, 82, 90, 97
Dreikönigskirche (Hauptstraße, Königstraße) 33, 112, 116, 119, 124, 126, 127, 128

Dresdner Bank (Albertplatz, Königsbrücker Straße) 121, 124
Dresdner Bank (König-Johann-Straße) 24, 33
Ehrlichsches Gestift (Grunaer Straße, Eliasstraße) 109
Elbberg 37
Elbgasse 37
Elias-Friedhof (Ziegelstraße) 106, 107
Eliasstraße 103, 107, 109
Elsasser Straße 105
Engel-Apotheke (Annenstraße) 79
Erlwein-Speicher 53
Falkenbrücke 74
Falkenstraße 74
Feldherrenplatz 37
Feldherrenstraße 99, 104, 105
Ferdinandplatz 90, 91
Ferdinandstraße 88, 90, 91
Fernheiz- und Elektrizitätswerk (Große Packhofstraße) 53, 54, 57, 87, 130
Finanzministerium (Königsufer) 128, 129, 130
Fischhofgasse 78
Fischhofplatz 78
Flemmingstraße 77
Florian-Geyer-Straße Siehe Feldherrenstraße
Flußbadeanstalten 112, 130
Franziskuskirche (Hauptstraße, König-Albert-Straße) 124, 125
Frauenkirche (Neumarkt) 27, 28, 29, 30, 32, 33, 36, 39, 40, 41, 42, 52, 53, 60, 77, 87, 127, 128
Frei-Mutter-Haus (Schloßstraße) 51
Friedensbrunnen (Türkenbrunnen) (Jüdenhof) 31
Friedrich-August-Brücke Siehe Augustusbrücke
Friedrichring 19, 84, 85, 86, 90
Fürstenzug (Augustusstraße) 29, 46, 52
Galerie und Kunsthandlung Ernst Arnold (Schloßplatz) 51
Galeriestraße 20, 24
Gänsediebbrunnen (Ferdinandplatz) 90, 91
Gaststätte Gambrinus (Postplatz, Wettiner Straße) 65, 66
Gaswerk Altstadt (Wettiner Straße) 73
Gebrüder Eberstein (Altmarkt) 17, 21
Gellertstraße 92
Gemäldegalerie (Zwinger) 20, 32, 48, 54, 56, 57, 58
Generaldirektion der Kgl. Sächs. Staatseisenbahnen (Wiener Straße) 93, 95
Georgentor (Schloßplatz) 46, 47, 51, 52, 83
Georgplatz 25, 82, 88, 89, 90, 91
Gewandhausstraße 21
Gewerbehaus (Ostra-Allee) Siehe Haus der Dresdner Kaufmannschaft
Goldener Reiter Siehe Denkmal für König August den Starken
Goldener Ring (Altmarkt) 14

Goldener Ring (Neumarkt) 32
Goldenes Faß (Münzgasse) 35
Grand Hotel Reichspost (Große Zwingerstraße) 78
Große Brüdergasse 60
Große Frohngasse 17, 21, 22
Große Kirchgasse 21
Große Meißner Straße 114, 119
Große Packhofstraße 53
Große Plauensche Straße 81, 97
Große Zwingerstraße 78
Großer Garten 43, 92, 101, 107, 108, 109
Grunaer Straße 100, 101, 102, 107, 109
Grüner Baum (Münzgasse) 35
Güntzplatz 19, 85
Güntzstraße Siehe Eliasstraße
Hainstraße 119
Hauptbahnhof Siehe Bahnhof Dresden-Hauptbahnhof
Hauptmarkthalle 73
Hauptstraße 115, 116, 124, 125, 126, 127
Haus der Dresdner Kaufmannschaft (Ostra-Allee) 67, 68
Haus der Loge Zu den drei Schwertern (Ostra-Allee) 68
Haus Zum Guttenberg (Johannesring) 83
Hausmannsturm 20, 46, 47, 48, 52, 53, 60, 68, 77, 87, 124, 127
Heizkraftwerk Mitte (Wettiner Platz) 73
Helbigs Etablissement (Theaterplatz) 55, 56
Hochhaus (Albertplatz) 122
Hohe Brücke 74
Hospitalstraße 127
Hotel Annenhof (Annenstraße) 77
Hotel Bellevue (Theaterplatz) 53, 56
Hotel Curländer Haus (Dippoldiswalder Platz) 81
Hôtel de l'Europe (Altmarkt) 14
Hotel de Saxe (Neumarkt) 34
Hotel Edelweiß (Wettiner Straße) 66
Hotel Europäischer Hof (Prager Straße) 96, 97
Hotel Herzogin Garten (Ostra-Allee) 71
Hotel Imperial (König-Johann-Straße) 26
Hotel Kaiser Wilhelm (Wiener Platz) 96
Hotel Kaiserhof (Neustädter Markt) 112
Hotel Neustädter Hof (Antonstraße) 119
Hotel Stadt Berlin (Neumarkt) 32, 33
Hotel Trompeterschlößchen (Dippoldiswalder Platz) 81
Hotel Zu den drei goldenen Palmenzweigen (Kaiser-Wilhelm-Platz) 117
Hotel Zu den vier Jahreszeiten (Neustädter Markt) 115
Innen-, Kultus- und Justiz-Ministerium (Königsufer) 33, 87, 130
Innerer Neustädter Friedhof 126
Italienisches Dörfchen (Theaterplatz) 48, 55, 56
Jägerhof (Am Jägerhof) 126, 128
Jägerkaserne (Sachsenplatz) 104, 105, 106

Jakobikirche (Wettiner Platz) 76
Japanisches Palais 117, 118, 124
Johannesallee 27
Johanneskirche (Pillnitzer Straße, Eliasstraße) 102, 103
Johannesring 81, 82, 83, 84
Johannesstraße 25, 89, 100
Johanneum (Jüdenhof) 20, 31, 32, 33, 35, 52, 70
Johann-Georgen-Allee 109
Jüdenhof 31, 32
Jungfernbastei 38, 40
Kaiser-Café (Wiener Platz) 94, 95
Kaiserpalast (Pirnaischer Platz) 27, 100, 101
Kaiserstraße 119
Kaiser-Wilhelm-Platz 114, 117, 118, 119
Kanzlei (Große Meißner Straße) 114
Kanzleihaus (Schloßstraße) 52
Katholische Hofkirche 4, 5, 20, 27, 35, 43, 46, 47, 48, 52, 53, 54, 55, 56, 60, 68, 77, 82, 87, 124, 127, 130
Kaufhaus Renner (Altmarkt) 16, 17, 23
Kleine Brüdergasse 60
Kleine Kirchgasse 30, 33
Kleine Packhofstraße 71
Kleine Zwingerstraße 78
Kohlschütter Straße 74
Konditorei Kreuzkamm (Altmarkt) 16
Konditorei Rumpelmayer (Prager Straße) 96
König-Albert-Straße 125, 127, 129
König-Johann-Straße 21, 22, 23, 24, 25, 26, 27, 33, 35, 62, 87, 100
Königsbrücker Straße 121, 122
Königstraße 118, 121, 124, 125, 126
Könneritzstraße 72
Kreuzgasse 85
Kreuzkirche 2, 3, 17, 18, 19, 20, 21, 33, 36, 53, 84, 88, 127
Kreuzschule (Georgplatz) 88, 89
Kreuzstraße 19
Kunstakademie (Brühlsche Terrasse) 40, 41, 42, 43, 53
Kunstgewerbeschule (Eliasstraße) 107
Künstlerhaus (Grunaer Straße, Albrechtstraße) 102
Kurfürstenplatz 104
Kurländer Palais (Schießgasse) 28
Landesblindenanstalt (Chemnitzer Straße) 75
Landhaus (Landhausstraße, König-Johann-Straße) 25, 27, 45, 54, 87
Landhausstraße 26, 27, 33, 34, 100, 101
Landständische Bank (Pfarrgasse) 19, 84, 85
Landwirtschaftliche Feuerversicherungs-Genossenschaft (Wiener Platz) 94
Langer Gang 52
Leipziger Tor 119
Lichtwerk (Wettiner Platz) 73
Lingnerallee Siehe Johann-Georgen-Allee
Lothringer Straße 106

Löwen-Apotheke (Altmarkt, Wilsdruffer Straße) 13
Lüttichaustraße 91
Marien-Apotheke (Altmarkt, Kreuzstraße) 17
Marienbrücke 8, 53, 54, 72, 112, 137
Marienstraße 64, 81
Marschallstraße 99, 105, 106
Marstall (Stallstraße) 70
Martin-Luther-Kirche (Martin-Luther-Platz) 123
Martin-Luther-Platz 123
Maximiliansring 24, 25, 26, 27, 35, 89, 100, 109
Maxstraße 72
Ministerhotel (Johannesring) 84
Modewarenhaus Robert Bernhardt (Annenstraße) 65
Mohren-Apotheke (Johannesstraße) 25
Moritz-Monument (Brühlsche Terrasse) 38
Moritzring 27, 99, 100, 101
Moritzstraße 24, 33, 34, 35, 109
Mozartbrunnen (Bürgerwiese) 92
Münzgasse 30, 35, 36, 41
Narrenhäusel (Augustusbrücke) 112
Neues Rathaus 13, 19, 25, 36, 84, 85, 86, 87, 88, 91
Neumarkt 20, 24, 27, 29, 30, 31, 32, 33, 34, 35, 39, 87, 109, 114
Neustädter Hauptpost (König-Albert-Straße) 124, 127
Neustädter Hauptwache (Blockhaus) (Neustädter Markt) 112, 113, 114, 116
Neustädter Markt 45, 113, 114, 115, 116, 124
Neustädter Rathaus 112, 115, 116
Neustädter Schauspielhaus (Albertplatz) 123
Oberpostdirektion (Marienstraße, Annenstraße) 64, 79
Olympia-Tonfilmtheater (Altmarkt) 16
Opernhaus (Semperoper) 46, 53, 54, 56, 57, 58, 67, 68, 123, 130
Ostra-Allee 65, 67, 68, 69, 71, 72, 123
Palais de Saxe (Neumarkt) 34
Palais Racknitz (Kaiser-Wilhelm-Platz) 117
Palaisplatz Siehe Kaiser-Wilhelm-Platz
Palast-Hotel Weber (Ostra-Allee) 58, 60, 66, 67
Permoserstraße 71, 72
Pfarrgasse 16, 19, 85
Pfunds Molkerei (Neumarkt) 30
Pfunds Molkerei (Postplatz) 63
Pillnitzer Straße 28, 100, 102, 103
Pirnaische Straße 100, 101
Pirnaischer Platz 23, 25, 27, 62, 100, 101
Pirnaisches Tor 100
Plauenscher Platz 74, 97
Polizeipräsidium (Schießgasse) 26, 27, 28, 54
Postplatz 13, 15, 20, 23, 25, 58, 60, 61, 62, 63, 64, 65, 66, 67, 77, 79

Postscheckamt (Annenstraße) 65
Prager Straße 83, 84, 94, 96
Prinz-Max-Palais (Ostra-Allee) 71
Rampische Straße 26, 28, 100
Rathenauplatz Siehe Amalienplatz
Redlichhaus (Amalienplatz) 100
Reformierte Kirche (Friedrichsring) 19, 84, 85, 88
Reitbahnstraße 81
Residenzcafé (Altmarkt, König-Johann-Straße) 24
Residenztheater (Zirkusstraße) 123
Restaurant Klosterkeller (Neustädter Markt) 115
Restaurant Moselterrasse (Moritzring) 27
Restaurant Zum Amtshof (Sachsenplatz) 106
Restaurant Zur Traube (Weiße Gasse) 22
Restaurant Zwingerschlößchen (Zwingerteich) 68
Rittergasse 125
Robert-Blum-Straße Siehe Kaiserstraße
Rosa-Luxemburg-Platz Siehe Kurfürstenplatz
Sachsenallee 105, 106
Sachsenplatz 104, 105, 106
Salomonis-Apotheke (Neumarkt) 34
Salzgasse 28
Schauspielhaus (Ostra-Allee) 66, 67, 70, 123
Scheffelstraße 14, 15, 19
Schießgasse 26, 27
Schlesischer Platz 120
Schloß 47, 48, 49, 51, 52, 54, 60, 116, 130
Schloßplatz 45, 46, 59, 83
Schloßstraße 13, 14, 20, 22, 51, 52, 83
Schloßturm Siehe Hausmannsturm
Schneidwarengeschäft Robert Kunde (Wilsdruffer Straße) 62
Schössergasse 14, 20, 22, 23, 51, 104, 112
Schreibergasse 16, 17
Schuhmachergasse 33
Schulgasse 18, 19, 85, 86
Schwarzes Tor (Albertplatz) 116, 121
Seestraße 16, 79, 82, 83, 84
Sekundogenitur (Brühlsche Terrasse) 42, 43
Semperoper Siehe Opernhaus
Sidonienstraße 96, 97
Siegesdenkmal (Altmarkt) 15, 18
Sophienkirche 20, 58, 60, 61, 66, 77, 130
Sophienstraße 48, 61
Sporergasse 51
St. Petersburger Straße 88, 90
St.-Privat-Straße 127
Stadthaus (Am See, Annenstraße) 79
Stadtkommandantur (Große Klostergasse) 128
Stadtwaldschlößchen (Postplatz) 63, 64, 66, 77
Stallhof 52
Stallstraße 70

Ständehaus (Schloßplatz) 43, 45, 46, 52, 53, 54, 55, 59, 130
Sternplatz 73
Straßburger Platz Siehe Stübelplatz
Striesener Platz 100
Striesener Straße 100
Struvestraße 90
Stübelallee 107, 108
Stübelbrunnen (Stübelplatz) 107, 109
Stübelplatz 101, 107, 108
Synagoge 36, 37
Taschenberg 60
Taschenbergpalais (Taschenberg) 50, 60, 61
Taubstummenanstalt (Chemnitzer Straße) 75
Telegraphen- und Fernsprechamt (Postplatz) 15, 58, 62, 64, 77
Terrassenufer 8, 37, 39, 41, 105
Textilwarenhaus Metzler (Altmarkt) 17
Theaterplatz 46, 48, 53, 56, 57
Theaterstraße 79
Thomas-Müntzer-Platz Siehe Feldherrenplatz
Töpferstraße 29
Trompeterstraße 81, 90
Venezianisches (Maurisches) Haus (Terrassenufer) 37
Verlags- und Druckereihaus B. G. Teubner (Große Zwingerstraße) 78
Viktoriahaus (Prager Straße, Waisenhausstraße) 83, 84
Viktoriastraße 90, 91
Villa Eschebach (Albertplatz) 123
Waisenhausstraße 81, 82, 83, 88
Wallstraße 64
Warenhaus Hermann Herzfeld (Altmarkt, Schössergasse) 20, 23
Webergasse 14, 16, 19
Weigelsches Haus (Neumarkt) 32, 33
Weiße Gasse 21, 22, 90
Weißeritzbrücke 72
Westkraftwerk (Wettiner Platz) 73
Wettiner Platz 65, 73, 76
Wettiner Straße 65, 66, 73
Wettin-Obelisk 48, 49
Wiener Platz 93, 94, 95, 96
Wiener Straße 93
Wilsdruffer Straße 13, 23, 62, 64, 82
Wilsdruffer Tor 62, 63, 64
Yenidze Zigarettenfabrik (Weißeritzstraße) 71
Zahnsgasse 19
Zehmsches Haus (Schloßstraße) 51
Ziegelstraße 100, 106
Zirkus Sarrasani 128, 129
Zwickauer Straße 74
Zwinger 45, 48, 54, 57, 58, 59, 60, 61, 67, 68, 69, 78, 130
Zwingerteich 68, 70

LITERATURHINWEISE

Bauer, Gerhard; Engel, Eberhard: Mit der Straßenbahn durch das alte Dresden. 3. erg. Aufl. Halle: Fliegenkopf, 1994

Baumgärtel, Siegmar; Gertoberens, Klaus: Dresden – Stadtlexikon. Dresden: Edition Sächsische Zeitung, 2009

Bechter, Barbara: Dresden. Dehio – Handbuch der deutschen Kunstdenkmäler. Berlin: Deutscher Kunstverlag, 2005

Dubbers, Annette: Die Altstadt. Aus der Geschichte eines Dresdner Stadtteils. Dresden: Büro für Publizistik, 2008

Dubbers, Annette; Dubbers, Jenni: Die Innere Neustadt. Aus der Geschichte eines Dresdner Stadtteils. Dresden: Annette Dubbers, 2003

Hahn, Walter: Über den Dächern von Dresden. Luftbildfotografien 1919–1943. Leipzig: Lehmstedt, 2008

Hänsch, Wolfgang: Die Semperoper. Geschichte und Wiederaufbau der Dresdner Staatsoper. Berlin: Verlag für Bauwesen, 1990

Helfricht, Jürgen: Dresden und seine Kirchen. Leipzig: Evangelische Verlagsanstalt, 2005

Hertzig, Stefan: Das barocke Dresden. Architektur einer Metropole des 18. Jahrhunderts. Petersberg: Imhof, 2012

Hertzig, Stefan: Der historische Neustädter Markt zu Dresden. Geschichte und Bauten der Inneren Neustadt. Petersberg: Imhof, 2011

Hertzig, Stefan; May, Walter; Prinz, Henning: Der historische Neumarkt zu Dresden. Seine Geschichte und seine Bauten. Dresden: Sandstein, 2005

Kregelin, Karlheinz: Dresden. Das Namenbuch der Straßen und Plätze im 26er Ring. Halle: Fliegenkopf, 1993

Kummer, Friedrich: Dresden und das Elbgelände. Dresden: Verlag des Vereins zur Förderung Dresdens, 1912

Lerm, Matthias: Abschied vom alten Dresden. Verluste historischer Bausubstanz nach 1945. Rostock: Hinstorff, 2000

Löffler, Fritz: Das alte Dresden. Geschichte seiner Bauten. 8. Aufl. Leipzig: E. A. Seemann, 1987

Löffler, Fritz; Pritsche, Willy: Der Zwinger in Dresden. Leipzig: Seemann, 2005

Lühr, Hans-Peter: Dresden in der Gründerzeit. Dresden: Dresdner Geschichtsverein, 2009 (Dresdner Hefte, H. 99)

Lühr, Hans-Peter: Gaststätten, Kneipen und Cafés in Dresden. Dresden: Dresdner Geschichtsverein, 2009 (Dresdner Hefte, H. 98)

Papke, Eva: Festung Dresden. Aus der Geschichte der Dresdner Stadtbefestigung. Dresden: Sandstein, 2007

Ruf, Christian; Klauer-Hartmann, Kerstin: 800 Jahre Dresden. Eine Zeitreise. Dresden: Edition Sächsische Zeitung, 2006

Schieferdecker, Uwe: Dresden – »Konditern« geh'n ins Café Hülfert! Geschichten und Anekdoten von der Prager Straße. Kassel: Herkules, 2007

Schieferdecker, Uwe: Treffpunkt Hauptbahnhof ... unter'm Strick – Einkauf »auf Nase« bei Renner. Geschichten aus dem alten Dresden. Kassel: Herkules, 2005

Sehn, Dietmar: Dresdens Plätze und ihre Geschichte(n). Wissenswertes, Unterhaltsames und Kurioses. Gudensberg-Gleichen: Wartberg, 2009

Stimmel, Folke; Eigenwill, Reinhardt; Glodschei, Heinz; Hahn, Wilfried: Stadtlexikon Dresden A–Z. Dresden: Verlag der Kunst, 1994

Syndram, Dirk: Das Schloß zu Dresden. Von der Residenz zum Museum. Leipzig: Seemann, 2012

Von Kutschern und Kondukteuren. Die Geschichte der Straßenbahn zu Dresden von 1872 bis 2007. 3. überarb. u. erg. Aufl. Dresden: Junius, 2007

Wille, Manfred: Dresdner Gastlichkeit von den Anfängen bis zur Gegenwart. Kleine Kulturgeschichte des Gastgewerbes in Dresden. Dresden: Adam, 2008

Zumpe, Manfred: Die Brühlsche Terrasse in Dresden. Berlin: Verlag für Bauwesen, 1991